MÉMOIRES

D'UN

PRÊTRE

3

PARIS
PÉTION, LIBRAIRE-ÉDITEUR
DE EUGÈNE SUE, ALEXANDRE DUMAS, CHARLES DE BERNARD, ETC.
11, rue du Jardinet.

1847

MÉMOIRES D'UN PRÊTRE.

En Vente.

LES TROIS MOUSQUETAIRES,

Par Alexandre Dumas.

VINGT ANS APRÈS.

Par Alexandre Dumas.

LE COMTE

DE MONTE-CRISTO

Par Alexandre Dumas.

SANS DOT

Par madame Charles Reybaud.

LE COQ DU CLOCHER

Par l'auteur de JÉRÔME PATUROT.

MADAME JEAN.

Par J.-M. Brisset.

LE CHATEAU D'AUVERGNE,

Par Élie Berthet.

LA DAME DE MONSOREAU

Par Alexandre Dumas.

LA VIE DE SOLDAT

ou les Casernes de Paris,

Par ÉMILE MARCO DE SAINT-HILAIRE.

LE DERNIER COLONEL

Par JULES DE SAINT-FÉLIX.

Une Nuit dans les Bois, par PAUL LACROIX.

Impr. de E. Dépée, à Sceaux (Seine).

MÉMOIRES

D'UN

PRÊTRE

3

PARIS
PÉTION, LIBRAIRE-ÉDITEUR
DE EUGÈNE SUE, ALEXANDRE DUMAS, CHARLES DE BERNARD, ETC.,
11, rue du Jardinet.

1847

I

Il fallait partir. Mon patron mettait à hâte mes préparatifs un empressement et une bienveillance qui me désolaient. Le curé de Saint-S. avec lequel j'avais fait l'inventaire des papiers du défunt, poussait aussi son nouveau collègue à se débarrasser de moi. Évidemment, je gênais ces messieurs.

A peine, au surplus, m'apercevais-je de ces petites menées. J'étais tout entier au chagrin de quitter F... Les heures s'écoulaient avec une incroyable rapidité. Le jour n'avait duré qu'un instant ; la nuit était déjà venue. C'était pour moi la dernière... Au point du jour, une voiture que l'excessive attention du curé m'avait préparée devait venir me prendre. Je me laissais faire ; je n'avais ni assez de force ni assez de résolution pour lutter... Les heures de la nuit retentirent toutes à mon oreille ; je les comptais avec effroi et je frissonnai quand une lueur pâle m'annonça le lever du soleil.

Thérèse avait achevé de mettre mes effets en ordre ; ma malle était déjà descendue ; j'entendis le bruit des pas dans la maison, et peu après celui d'une voiture sur le pavé.

— Adieu ! m'écriai-je douloureusement, en regardant autour de moi comme si je n'eusse pas été seul. Adieu ! adieu !...

Ma tête était perdue.

Cependant, je voulais laisser un billet à mon

inconnue pour lui indiquer le lieu où j'allais. J'avais retardé jusqu'au dernier moment l'accomplissement de ce devoir, et je me trouvais surpris par l'heure... En vain j'essayai d'être seul un instant : impossible de me soustraire à la surveillance du curé. Plus il me voyait désolé, et plus il redoublait d'instances et de soins pour hâter mon départ. Sans savoir ce que je faisais, sans avoir le temps de me reconnaître, je fus poussé, renfermé dans une voiture qui m'entraîna au galop.

J'arrivai à R... vers le milieu du jour. Le postillon me mena chez M. V..., dont la maison servait d'entrepôt aux missionnaires. La soirée se passa lentement, sans que je visse qui que ce fût, à l'exception des domestiques, attentifs à prévenir mes désirs... Cette solitude convenait admirablement à ma situation.

Le lendemain, je reçus le père G., qui me fit successivement plusieurs visites. Il voulait m'étudier et voir à quoi je serais bon. Il avait acquis une connaissance profonde des hommes : peut-être devina-t-il l'état de mon cœur; toujours est-il qu'il usa envers moi de ménagements extrêmes et qu'il me traita avec une délicatesse infinie. J'aurais à lui en savoir gré, si je ne me fusse pas convaincu plus tard qu'il n'avait jamais eu en vue que le bien de la Société, et qu'il ne considérait jamais ceux qui l'entouraient que comme des instruments plus ou moins utiles à ses desseins.

Quatre jours après, j'arrivai à ma destination, et l'on me soumit immédiatement à un noviciat d'une nature singulière. Deux pères m'accompagnaient du matin au soir, sans que je sortisse de la maison. Ils étaient tellement associés à toutes les actions de ma vie, que je pouvais les considérer comme deux autres moi-même. Au commencement, la religion, souffrante et avilie, fut le texte de leurs entretiens. Ils changèrent ensuite de sujet de conversation et m'initièrent à l'art de se glisser partout, de tirer parti de tout; toujours, et uniquement pour la plus grande gloire de Dieu.

Mon accablement moral m'aida merveilleusement à gagner la confiance de mes satellites. Uniquement occupé de ma fatale passion, je semblais les écouter dans le plus profond recueillement : aussi les deux pères chargés de m'endoctriner étaient-ils enchantés de ma docilité. Cependant, leur présence ne tarda pas à me devenir insupportable. J'aspirais au bonheur d'être seul, et je souffrais d'être distrait de mes pensées; mais il fallait subir cette épreuve : je le compris, et je me résignai.

Peu à peu, on m'admit dans l'intimité des autres pères, et je pus remarquer alors que la maison était fréquentée par les gens « comme « il faut », et surtout par l'ancienne noblesse du pays; il y avait un concours non discontinu de visiteurs presque tous les jours de la semaine. L'activité que déployaient certains membres de l'association était vraiment inconcevable surtout pour moi, qui n'avais rien à faire, et qui voyais plusieurs autres pères en apparence tout aussi désœuvrés que je l'étais.

Les missions commençaient à porter leurs fruits. La correspondance des prédicateurs tenait au courant les supérieurs, et ceux-ci expédiaient en retour des plans de conduite, des sermons, des allocutions et des ballots de croix, de rosaires, de bagues, de petits livres, etc. De temps à autre, des sommes considérables, produits des ventes et des quêtes, arrivaient avec un père, qui rendait un compte verbal et se remettait en campagne aussitôt auprès.

Voici comment procédaient, en général, les missionnaires. Avant d'aller s'installer dans une localité quelconque, ils s'adressaient aux curés et à leurs affidés, et recevaient d'eux des notes très étendues sur les principaux habitants. A l'aide de ces biographies, on divisait la population en deux catégories : ceux qu'on soupçonnait de tiédeur, d'opposition ou d'éloignement pour les vues de la société étaient classés parmi *les immoraux*. (Ce mot voulait dire tout à la fois irréligieux, ennemi du roi, et nuisible au but de la régénération.) Ceux dont le penchant ou les intérêts garantissaient le dévoûment étaient placés parmi les hommes moraux, monarchiques et religieux, parmi ceux, en un mot, qu'on appelait *les honnêtes gens*. A cette classe était confiée le soin de préparer les esprits à recevoir les missionnaires sinon avec joie, au moins avec docilité.

Restait cependant une catégorie à part, sorte d'ilotes dans la société, je veux dire la foule des fonctionnaires salariés ou non salariés. De leur soumission et de leur zèle dépendait leur existence : pour ceux-là, il n'y avait pas de milieu.

Qu'il me soit permis à cette occasion de citer un billet fort court, adressé par le père G. à un préfet que je pourrais nommer. Il donnera une idée exacte de la condition des fonctionnaires à cette époque :

« Monsieur le Préfet,

« Vous assisterez en grande tenue à la plan-
« tation de la croix. Votre piété et votre dévoû-
« ment au roi sont trop connus pour que vous
« ne vous empressiez pas de donner un exem-
« ple que le reste des fonctionnaires de l'Etat
« se hâtera d'imiter. »

Au surplus, une soumission servile n'était pas toujours une égide bien sûre contre les destitutions. Malheur au fonctionnaire ou à l'employé dont un ami de la Société ambitionnait la place. Le ministre lui conseillait bientôt de faire valoir ses droits à la retraite, si même il ne le congédiait pas brutalement.

On pense bien que je n'appris pas tout cela dès mon début. On ne procède pas ainsi parmi nous. Ce ne fut que peu à peu, et après une longue pratique des révérends pères, que je parvins à m'édifier sur leur influence et sur leurs plans.

C'est presque exclusivement de moi que je devrais m'occuper, je le sais, mais je me suis imposé la tâche de signaler des abus que la raison réformera peut-être un jour et quoique je n'éprouve aucune espèce de plaisir à retracer les intrigues de mes confrères, il me faut aussi raconter ce que j'ai vu, ce que j'ai appris, surtout lorsque ces faits se lient à ma propre vie. L'épisode que je vais rapporter est précisément dans ce cas, et je ne saurais le passer sous silence sans laisser une lacune dans ces Mémoires.

Il m'arrivait souvent de veiller une partie de la nuit, et je venais de compter les douze coups de minuit à l'horloge, lorsque j'entendis d'abord la grande porte qui s'ouvrait avec précaution et ensuite le roulement d'une voiture. Une vive clarté illumina comme un éclair ma chambre mal close, et des pas retentirent à l'extrémité du corridor. C'était la première fois que le silence de la maison était troublé à une heure aussi avancée. Je me livrai un instant aux conjectures, mais je ne m'arrêtai pas à cet incident et je retombai bientôt dans mes réflexions ordinaires.

Le lendemain je trouvai fermée la porte qui s'ouvrait sur le jardin. Pour user le temps que j'employais ordinairement le matin à m'y promener, je me mis machinalement à la fenêtre, ne sachant à quoi occuper mon oisiveté. Je regardais au dehors depuis quelques minutes, lorsque j'aperçus un père traverser furtivement la cour. Il allait du côté du jardin, et il en referma soigneusement la porte après y être entré. Je remarquai qu'il portait un pot de terre recouvert d'une serviette et paraissant contenir des aliments. Cela piqua ma curiosité. Je m'abritai derrière mes rideaux de façon à n'être pas vu et j'épiai son retour. Il ne tarda pas à revenir les mains vides.

Je rapprochai les bruits de la veille de cette mystérieuse démarche et j'en tirai la conséquence qu'un nouvel hôte était arrivé la nuit dernière, qu'on avait intérêt à cacher son séjour dans la maison et qu'il habitait probablement un petit pavillon situé au bout du jardin.

C'était pour moi une bonne fortune que de trouver à me distraire. Mon esprit était éveillé, et je ne perdis pas une occasion de découvrir le mot de l'énigme qui se présentait si singulièrement à moi. Tout d'abord au dîner je remarquai l'absence du père B... Le père G... me parut rêveur, et tous ceux que je regardais ne me semblaient pas dans leur état ordinaire.

De mon observatoire, je vis plusieurs fois le père M... aller et venir dans le jardin et je fus surtout frappé du soin qu'il mettait à retirer la clé de la porte, qu'il entrât ou qu'il sortît. Dévoré de l'envie de pénétrer le secret que l'on se montrait si désireux de cacher, je me mis à chercher, par passe-temps, le moyen de descendre dans le jardin.

A l'un des bouts du corridor était un petit escalier qui recevait le jour d'une fenêtre ouverte sur le jardin. Cette fenêtre ne s'élevait pas à plus de douze ou quinze pieds du sol. Je pouvais donc me laisser glisser par là à l'aide d'une corde, et atteindre sans danger le terrain défendu. Mais où prendre cette corde? c'était là ce qui m'embarrassait. A force de me creuser l'esprit, je finis par songer à celle de la petite cloche qui servait à sonner les messes basses.

C'était tout ce qui me fallait, et je n'avais plus qu'à saisir le moment favorable.

Une fois que j'ai conçu un projet, le désir de l'accomplir m'enivre à ce point qu'aussitôt que j'entrevois la possibilité de le mettre à exécution, je ne doute plus du succès, et je tiens aussi peu compte des obstacles qu'il peut faire surgir que des suites qu'il doit avoir pour d'autres ou pour moi.

Après le souper, j'attendis avec impatience que le silence régnât partout. Lorsque je crus tout le monde endormi, je montai au grenier et je me hissai dans le petit dôme qui abritait la cloche. Je fis de longs et inutiles efforts pour dénouer la corde. Découragé, j'allais me retirer, lorsque l'idée me vint de trancher la difficulté en coupant le nœud. Cette besogne fut bientôt achevée. Je roulai mon butin autour de moi, et je gagnai bien vite le petit escalier. J'attachai un bout de la corde à la rampe et je jetai l'autr dans le jardin, puis, avec l'étourderie d'un jeune homme, je me laissai glisser doucement en m'appuyant au treillage qui garnissait le mur. J'arrivai à terre sans accident. Il était onze heures et demie. Ce fut en marchant sur la pointe du pied que j'arrivai au petit bâtiment du fond du jardin. J'écoutai : pas le moindre bruit ; seulement, au milieu de l'obscurité je distinguai une faible lueur qui s'échappait entre la croisée et les volets fermés.

Je me trouvai bien sot. N'aurais-je pas dû prévoir que mon escapade tout en m'exposant à des dangers de plusieurs genres, ne me servirait même pas à satisfaire mon impertinente curiosité? La prudence, pour venir un peu tard, n'en parlait que plus haut. J'écoutai ses conseils, et je retournai sur mes pas avec les mêmes précautions que j'avais prises en venant.

Bien m'en advint : j'étais encore très rapproché du petit pavillon quand j'entendis du bruit du côté de la porte du jardin. Je me jetai de côté et m'accroupis derrière un arbre touffu. Deux hommes arrivèrent éclairés par une lanterne ; je reconnus le père G. et le père M. Ils frappèrent légèrement à la porte du pavillon. Une personne qui était dans l'intérieur ouvrit aussitôt et sortit. Elle tenait un petit paquet sous le bras et portait l'habit ecclésiastique. Les trois promeneurs nocturnes passèrent silencieux à deux pas de moi sans m'apercevoir ; cependant je ne me décidai à me lever que lorsque j'eus entendu refermer la porte du jardin. Un rayon de lumière qui se projetait sur le seuil du pavillon me permit de voir que la personne qui venait de le quitter l'avait laissé ouvert. Je me hasardai à entrer.

Il n'y avait sur la table qu'une écritoire, une bougie allumée et plusieurs feuilles de papier blanc. Une lettre était tombée à terre près du chevet du lit ; je la ramassai et m'éloignai tout tremblant.

Il était temps : la porte du jardin s'ouvrit encore et des pas précipités m'avertirent de regagner ma cachette. C'étaient le père G. et la personne inconnue. Ils restèrent dans l'appartement quelques instants et, lorsqu'ils en ressortirent, j'entendis l'étranger dire d'une voix émue :

— Je l'avais encore une minute avant votre arrivée.

Le père G. ne répondit point et ils s'éloignèrent. L'inconnu portait les mains aux ouvertures de sa soutane et semblait fouiller ses poches.

Je m'enfuis rapidement pour regrimper chez moi. J'avais oublié dans ma précipitation de faire des nœuds à la corde, et ce ne fut qu'avec une peine infinie que j'atteignis la croisée. Je n'eus pas moins de mal à rattacher au bout qui pendait à la cloche l'autre extrémité de la malencontreuse corde, et je crois que je n'y serais jamais parvenu si je ne me fusse avisé de les lier l'un à l'autre avec une ficelle.

Enfin, je me trouvai en sûreté dans ma chambre, brûlant de lire ma précieuse lettre ; mais il fallut attendre le jour : je manquais de lumière et je n'avais aucun moyen de m'en procurer. A l'aube, j'étais debout, impatient d'éclaircir le mystère dont j'avais acheté la clé au prix de tant d'efforts.

La lettre que je lus était assez curieuse pour que, selon mon usage, je la copiasse immédiatement sur mon journal. C'est cette copie textuelle que je mets sous les yeux du lecteur.

« Monsieur le recteur, vous n'avez point eu
« pitié de moi et j'apprends que vous m'aban-
« donnez à mon malheureux destin. Ce n'est
« pas là ce que vous m'aviez promis. Je ferai
« comme vous, je ne tiendrai pas mes pro-

« messes. Le juge d'instruction est encore venu « aujourd'hui m'interroger ; il m'a demandé « quels témoins à décharge je pouvais pro- « duire. Je vous ai nommé ; il a secoué la tête « et m'a dit : Si vous n'avez que celui-là, je « vous plains, car M. le recteur a fait une ter- « rible déposition contre vous ! — Je l'ai re- « gardé bien attentivement : je pensais qu'il « voulait me surprendre, mais j'ai vu qu'il « avait l'air vrai.

« Serait-il possible, Monsieur le recteur, que « vous ayez accusé un homme qui, depuis « huit jours, consent à rester en prison, au « secret, à garder un silence généreux pour ne « pas vous perdre, vous qui savez que, d'un « mot, il pourrait vous faire sauter la tête de « dessus les épaules ?

« Si demain, à huit heures, je n'acquiers « pas la certitude que je serai mis en liberté et « que vous avez fait tout ce qui dépendait de

« vous pour me tirer de l'embarras dans lequel « vous m'avez jeté, la vérité sera connue et « vous vous repentirez trop tard d'avoir voulu « me sacrifier à votre place. »

Suivaient la signature et la date.

L'hôte mystérieux du pavillon était donc un criminel que ses confrères dérobaient à la justice. Le temps devait m'apprendre le reste. L'occasion ne se fit pas attendre.

En sortant pour acheter quelques livres j'appris que le curé de...... tout dévoué aux missionnaires avait disparu. Il était accusé d'avoir commis un infanticide dont on avait d'abord cru, sur sa propre dénonciation, son sacristain coupable.

Cette aventure faisait grand bruit dans la ville. Les ennemis des prêtres en profitaient pour les déchirer à belles dents; les dévots qui ne pouvaient nier l'évidence étaient au désespoir et parlaient de charité.

Par hasard je reçus ce jour-là même une lettre de mon ami de la Basse-Bretagne. Je ne sais pourquoi elle inspira des soupçons au père directeur ; toujours est-il qu'il voulut la lire pendant que j'étais absent. S'il ne réussit pas à la découvrir, du moins en revanche fit-il une autre trouvaille. La lettre dont je m'étais emparé la nuit précédente lui tomba sous la main, et il se garda bien de la laisser dans le tiroir où je l'avais déposée. A mon retour on me prévint qu'il me demandait. Son abord fut très froid, très compassé ; c'était un excellent acteur, habile dans l'art de se composer un maintien. Il tira la lettre de sa poche et, me la mettant sous les yeux, il me demanda, en me lançant un regard inquisiteur, s'il y avait longtemps qu'elle était entre mes mains.

J'étais prêtre et je sus opposer la ruse à la ruse.

— Depuis ce matin, répondis-je ; je l'ai

trouvée dans la cour auprès de la porte du jardin, et mon intention était de vous l'apporter.

Ses yeux cherchaient à pénétrer au fond de ma pensée. J'affectai un air simple et naïf, et j'attendis sa réponse.

— Vous l'avez donc lue?..

— Je l'ai lue, repris-je et c'est pour cela que je voulais vous la remettre, car je ne sais qui a pu la perdre dans cette maison.

Ses lèvres comprimèrent un léger sourire et sa physionomie s'éclaircit.

— Votre confiance mérite la mienne, répliqua-t-il; je vous avoue que c'est moi qui ai perdu cette lettre, et que j'en étais très fâché. La méchanceté d'hommes sans religion poursuit et veut perdre un digne ecclésiastique. Cette pièce pouvait lui nuire... Grâce à Dieu elle ne me donnera plus d'inquiétudes et j'espère, ajouta-t-il en jetant la lettre au feu que je puis compter sur votre discrétion.

Je lui donnai toute espèce d'assurances à cet égard.

— Mon silence vous est acquis, lui dis-je ; je connais, moi aussi, l'impiété du siècle.

Et je me retirai emportant en apparence sa bienveillance.

Peu de jours après, en effet, il m'envoya faire ma première campagne aux environs de Vitré, où une troupe de missionnaires obtenait les plus brillants succès.

II

Je n'avais été jusques-là qu'un apprenti soldat, une sorte de conscrit dans la sainte milice ; en m'envoyant à Vitré, le père supérieur me faisait entrer dans la vie active du missionnaire, et j'allais me trouver exposé au feu des incrédules.

Tout d'abord on me plaça à la queue du bataillon sacré. J'étais le dernier venu dans la compagnie, en conséquence, on m'imposa l'ennuyeuse besogne des confessions. Mes collègues se réservaient les ovations de la chaire plus flatteuses pour l'amour-propre que les humbles succès du confessionnal. Ce n'est pas qu'on négligeât ce moyen puissant d'influence : aussi les plus habiles qui savaient quel fruit on en peut tirer s'étaient chargés des gros bonnets et des riches pénitents ; je n'avais que le menu fretin : les petites gens, les enfants et les bonnes femmes. Tout était arrangé d'avance, et tel qui croyait choisir librement son confesseur obéissait à son insu à une impulsion plus forte que sa volonté.

Où la vanité mon Dieu ! va-t-elle se glisser ? Lorsque nous étions réunis je n'entendais sortir de toutes les bouches que paroles de félicitations réciproques ; c'était entre mes confrères un échange continuel de compliments. Celui-ci avait terrassé les philosophes, anéanti toutes les objections contre la religion ; celui-là avait rappelé à la foi et au repentir des hommes qui, pendant la révolution renversèrent les autels et fusillèrent les prêtres. Je ne voyais se taire que ceux qui avaient grossi le trésor de la compagnie ; mais, pour n'en rien dire on ne leur tenait pas moins compte de leurs productifs triomphes.

Nous nagions dans l'abondance et notre vie, une fois les devoirs de la mission accomplis, était un festin continuel. Le métier d'apôtre me paraissait assez agréable, et je me sentais disposé à répéter le verset de l'Evangile : *Bonum est nos hîc esse!...*

Les intrigues allaient leur train : nous nous mêlions de tout, nous dirigions tout, et nous étions en réalité les seules autorités du pays que nous catéchisions.

Les affaires, les galas, le commerce du monde m'étourdissaient, et au milieu de ces distractions nouvelles le passé s'effaçait peu à peu de mon cœur. Sans m'en apercevoir je me modelais sur mes confrères et je perdais l'un après l'autre les sentiments honorables qui avaient survécu à ma détestable éducation. Je rapportais tout à la Société : les peuples me semblaient destinés à la servir ; en un mot, je devenais jésuite.

Chose étrange et qui prouve mieux que tout le reste avec quel art ces gens-là savent donner le change sur eux-mêmes, je me trouvais jésuite sans le savoir, et qui plus est, en méprisant sincèrement les jésuites.

Lorsque j'eus fait mes premières preuves, la confiance de mes chefs me valut l'honneur de prêcher et d'être envoyé chez les grands. Le dirai-je ? ma Jeunesse parut même quelquefois utile auprès des femmes.

Au début de notre mission dans la petite ville de...., le curé, qui, ainsi qu'on le dit vulgairement, ne faisait qu'un avec le maire, nous offrit un magnifique dîner ; la noblesse du pays et les principaux fonctionnaires y étaient invités. Nous avions reçu le mot d'ordre : nous ne devions parler que de Dieu, de pénitence et de religion, voire de mortifications, au milieu de la bonne chère. Le terrain était excellent : on était dans toute la ferveur des sentiments royalistes et des idées religieuses les plus exaltées, et, ce qui ne gâtait rien, la fortune de ceux qui professaient les bons principes était fort satisfaisante.

Le repas fut longtemps silencieux. On n'entendait que le bruit des couteaux et des fourchettes et tout le monde semblait en grand appétit. Tout-à-coup un ancien émigré se leva.

— Messieurs, s'écria-t-il, à la santé de Sa Majesté, et vive le roi *quand même !*

Chacun d'applaudir à qui mieux mieux ce toast que, pour mon compte, je ne comprenais pas très bien. Le père M. était placé en face de moi. Il attendit que le tapage se fût apaisé et, haussant la voix sans lever les yeux :

— Au triomphe de la religion, dit-il, et à la plus grande gloire de Dieu !

Nouveaux bravos. Le sérieux s'était envolé à tire d'ailes et chacun subissait l'influence d'un vin généreux. Quant à nous, nous nous observions et nous observions les convives. Auprès du sous-préfet était assis un petit vieillard à tête poudrée, portant la queue et les ailes de pigeon. Il se dressa debout et, d'un air important, il réclama le silence ; puis, après s'être recueilli une minute, il enfla sa voix grêle et tendit son verre :

— A l'ancien régime, Messieurs, et au retour du roi à des idées plus dignes d'un petit-fils de Louis XIV !

Les prêtres répondirent ; deux ou trois autres

convives les imitèrent, enfin le reste de la table fit chorus, non sans quelque hésitation.

La conversation devint générale et ne roula plus que sur les missions, sur les bienfaits de la religion et sur le bonheur dont jouissait la France depuis que ses princes légitimes lui avaient été rendus. A quelque distance de moi, un gros curé échauffé par le vin prétendait que le pays était perdu s'il ne subissait une épuration radicale. Je n'ai pu depuis m'empêcher d'admirer les jeux du hasard en voyant que mon gros compère avait deviné le système des catégories qui illustra plus tard un célèbre membre de la droite.

De petits cercles se formèrent après le dîner et chaque missionnaire était le centre d'un groupe. Un employé sollicitait ma protection pour obtenir une recette particulière; mon voisin laissait croire au sous-préfet qu'il lui ferait donner une préfecture. Non loin de là, j'entendais le petit vieux poudré dénoncer ce fonctionnaire au père G., et lui demander son appui afin qu'il gratifiât son propre gendre de la place du malheureux sous-préfet.

Les femmes, absentes du dîner, furent admises à la soirée. C'est alors que les demandes, les sollicitations, les exigences de toutes sortes vinrent nous accabler ; il fallait promettre ou se résigner à périr sous le coup des plus ennuyeuses importunités.

Tout ce qui se passait autour de moi m'étourdissait ; mon amour-propre avalait l'encens avec une complaisance infinie, et au milieu de ses vapeurs enivrantes je perdais la raison. Je finis par croire que j'étais l'un des dispensateurs des biens et des grandeurs de la terre. Cet entourage de femmes avait surtout pour moi un attrait et un charme inexprimables. Je restais vis-à-vis d'elles timide et réservé, mais au fond du cœur je me sentais fier d'être l'objet de leurs attentions; mes sens excités portaient mon désordre à son comble...

Ne sont-ils pas aussi cruels qu'insensés ceux qui, prétendant imposer à certains hommes l'abstinence et la chasteté, les jettent pleins de jeunesse et de santé dans le milieu le plus propre à éveiller leurs passions?...

De retour chez le curé, le chef de la mission nous réunit, et nous lui rendîmes un compte exact de ce que nous avions fait et dit, vu faire ou entendu dire. Il rècueillit les demandes que nous avions promis d'appuyer, examina, d'après la carte morale du pays, celles qu'il convenait de soutenir, celles auxquelles nous ne donnerions pas suite et ne se gêna pas pour rire avec nous aux dépens de tout le monde. J'avais besoin de scènes de ce genre pour ne pas me laisser complètement ensorceler par mes confrères. Mon âme n'était pas tellement pétrie d'égoïsme et d'orgueil, que je n'entendisse encore la voix de ma conscience indignée et dégoûtée des maximes que nous professions ; mais le besoin d'échapper à la misérable vie que je menais auparavant, le désir de me distraire de ma fatale passion, m'avaient livré sans défense aux embûches des jésuites et dans les dispositions d'esprit où je me trouvais, j'aurais pu leur échapper que je ne sais si je l'eusse voulu.

Cependant, nous organisions une société qui, sous le titre modeste de *Congrégation*, se préparait à tout gouverner. Je n'étais pas assez avant dans les secrets de la compagnie pour m'expliquer les peines infinies que nous nous donnions pour augmenter le nombre des affiliés. Nous mettions en pratique, sur la plus vaste échelle, le fameux *Compelle intrare*..... Une dévote nous servait de recruteur. Les néophytes, flattés de nos éloges et d'un semblant d'autorité sans conséquence, faisaient du prosélytisme avec l'ardeur d'un zèle tout frais éclos et le dévoûment aveugle de l'irréflexion. C'était à qui serait des nôtres. Les chapelets, les petits livres, les images et les gros rosaires pour les privilégiés, voilà nos récompenses. Le peuple, de son côté, nous achetait ces brimborions, et nous ne perdions pas non plus notre temps comme marchands colporteurs.

Certains curés montrèrent de la répugnance à nous recevoir : ils avaient la présomption de penser qu'ils pouvaient instruire leurs ouailles sans nous. Les évêques les tirèrent de cette erreur. Parmi les récalcitrants, les uns se repentirent et revinrent bientôt à la raison ; les autres, en très petit nombre, qui persistèrent à refuser notre coopération, ne tinrent pas longtemps. Il n'y a d'énergie sous la soutane que pour atteindre le but indiqué par l'esprit de corps ; isolés, les prêtres, grâce à l'organisation sacerdotale, ne sauraient être indépendants.

Les présents en nature, en numéraire, sous forme d'ornements précieux, nous arrivaient de toute part. A coup sûr, nous levions plus que la dîme. Une escobarderie éludait le vœu de la loi et un prête-nom rendait la Société héritière de tel ou tel, qui recevait en échange un passeport pour le ciel. Les mères ne prenaient d'autres précepteurs que ceux que nous leur désignions, et tous appartenaient secrètement ou ouvertement à la Congrégation. Les instituteurs primaires, qui n'osaient venir jusqu'à nous, sollicitaient la protection de nos représentants à robe courte, et nous en profitions adroitement pour relever dans l'esprit du peuple les affiliés de la sainte association. En même temps, les processions, les pratiques de dévotion, les réunions mystiques venaient frapper les yeux, et servaient à établir une ligne de démarcation bien tranchée entre le monde profane et nous.

Peu à peu, on se préparait à envahir l'enseignement en commençant par en bas ; déjà les ignorantins, les frères quatre-bras, etc., étaient disciplinés. La Société tenait tout prêts à fonctionner les rouages qui devaient remplacer la vieille et immorale organisation universitaire.

Nous parcourions les campagnes du pays le plus ignorant de France, et nous nous adressions à des esprits disposés à tout croire sur la parole d'un prêtre. Les miracles reparurent et, si nous n'eussions reçu l'ordre de les ménager, le père G. en aurait bientôt opéré à lui seul autant qu'aucun des saints les plus féconds en ce genre. Du reste, en dépit des instructions supérieures, les pères M. et G. ne manquaient pas de faire pleurer les Notre-Dame-des Bois, les crucifix, et de guérir, par l'imposition des mains, des boiteux qui avaient toujours marché droit. La Sainte-Vierge leur écrivit même une longue lettre, qui n'était pas d'un français très pur, mais les impies devaient savoir que le ciel ne dépend pas de l'Académie, et que, d'ailleurs, la vierge Marie n'avait appris à parler que l'hébreu. Jésus-Christ apparut même au père M. pendant qu'il traversait une forêt. Le saint homme arriva encore tout plein de la présence du Sauveur et publia le miracle. Les croyants se signèrent et rendirent grâce à Dieu. Le lendemain, on célébra une messe solennelle et l'on chanta le *Te Deum*.

Personne, au surplus, ne remarquait que ces miracles signalés n'étaient suivis d'aucun résultat, et qu'ils pouvaient à bon droit passer pour stériles. Il semblait que l'on s'enfonçât à plaisir dans la plus honteuse superstition.

Réellement, nous travaillions quelquefois comme des galériens, et nous aurions mérité la reconnaissance des hommes si nous eussions employé à les éclairer la dixième partie des fatigues et du temps que nous consacrions à les abrutir.

La Bretagne fourmillait de gens qui avaient servi dans la chouannerie pendant la révolution, l'Empire et les Cent Jours. Ces héros nous harcelaient sans pitié et nous devions les ménager. Et pourtant que de demandes extravagantes ils nous adressaient. Tel gentilhomme qui savait à peine lire et qui avait couru les champs un ou deux jours à la tête d'une bande de paysans exigeait le grade de colonel dans l'armée régulière. Le moindre sergent voulait les épaulettes de capitaine. A tous il fallait des pensions. Ne s'étaient-ils pas ruinés au service du roi? L'idée de l'indemnité due aux émigrés pour avoir abandonné la France et laissé couper la tête à leur roi était encore le secret d'un petit nombre d'élus.

Chacun réclamait et faisait valoir ses services personnels ou autres. Les neveux parlaient de leurs oncles morts en prison ou tués parmi les chouans à Quiberon. Sans compter ceux qui faisaient valoir les services de leurs cousins, et Dieu sait combien la liste en est longue en Bretagne. Le vaste empire de Napoléon aurait à peine suffi à satisfaire l'appétit de tant de gens bien méritants. Par bonheur, à défaut de réalité, nous avions le champ sans limites des promesses et nous le partagions généreusement entre tous les solliciteurs.

Tandis que nous écoutions les requêtes ridicules de cette inombrable foule de créanciers de la monarchie, nos gros bonnets, animés de l'esprit qui présida à l'organisation du Paraguay, achevaient de coordonner toutes les parties de leur vaste plan d'envahissement. La congrégation, cet étrange gouvernement implanté, au sein d'un autre gouvernement dont il préparait la ruine et qui semblait y prêter les mains de la meilleure foi du monde, la congrégation, grandissait, grandissait à vue d'œil.

Dans les villes importantes qui avaient le bonheur de posséder des missionnaires, l'association gagnait des prosélytes en frappant les yeux de la foule par l'éclat et la pompe des cérémonies religieuses. Les demoiselles les mieux partagées du côté de la fortune et de la naissance composaient l'état-major, dont les chefs visibles étaient quelques dévotes connues dès longtemps par leur assiduité aux offices et au tribunal de la pénitence. Elles recevaient leurs inspirations et leur règle de conduite d'un directeur appartenant ou affilié à la société de Jésus, et qui n'avait jamais l'air de se mêler de quoi que ce fût. Grâce à ces auxiliaires, les pères portaient leurs investigations dans l'intérieur des familles, et ils savaient merveilleusement profiter de leurs découvertes. Les filles de boutiques, les domestiques, les ouvrières, composaient la sodaltesque congréganiste. On avait soin de leur faire accroire qu'aussitôt qu'elles étaient incorporées dans le sacré troupeau et qu'elles suivaient régulièrement la marche tracée, elles atteignaient un degré de perfection qui mettait une grande distance entre elles et leurs pareilles privées de cet avantage. Ainsi, on excitait chez ces pauvres femmes le vice que la religion nous commande de déraciner des âmes en prêchant à tous les hommes l'humilité.

Qu'on y fasse bien attention au surplus, l'orgueil, moins encore, la vanité, tel est le grand levier du parti clérical; c'est la boisson enivrante qu'il verse aux faibles pour se préparer de serviles instruments.

Un gouvernement ne se soutient qu'à l'aide des impôts; la congrégation a ses contribuables, et il n'est pas besoin de garnisaires ou de recors pour les obliger à s'acquitter. Une servante, à elle seule, donne à la société une somme plus forte que celle que chaque citoyen paie annuellement à l'État pour sa contribution personnelle. Les quêtes se multiplient et sont toujours fructueuses ; les dons gratuits sont habilement sollicités ; le commerce des bagatelles sacrées produit mille pour un ; enfin, je ne sais quelle mine ténébreuse mais inépuisable achève d'enrichir la sainte Société, qui achète de tous les côtés et finira, si l'on n'y prend garde, par devenir le seul grand propriétaire dans tous les départements *.

La mission venait de s'ouvrir ** dans une

* En relisant ce qui précède, je suis frappé de ce fait que la situation que j'indiquais en 1827 est, en 1846, après dixneuf ans et une révolution, exactement la même. Les périls qui menaçaient la Restauration, sont aussi nombreux et aussi redoutables pour le gouvernement actuel que pour la branche aînée. Je croyais avoir écrit l'histoire d'hier, je m'aperçois que je fais l'histoire d'aujourd'hui, ou plutôt, si je ne me trompe, celle de demain.

** Je me sers de l'expression consacrée par l'usage. La gent dévote dit : *La mission s'ouvre, la mission se ferme*, de même que les gens du monde ont l'habitude de dire : Tel théâtre vient de s'ouvrir ou de se fermer. Il n'en faut pas conclure que les mêmes expressions représentent les mêmes idées.

petite ville où elle était désirée depuis longtemps.

Nous débutâmes par un *Te Deum*, deux ou trois processions pompeuses et des sermons terribles contre les péchés du siècle. En même temps on nous festoyait à la journée. De la table du maire nous allions nous asseoir à celle du sous-préfet, de là chez les principaux de la ville et enfin chez les fonctionnaires, auxquels, en croquant leur dîner, nous faisions beaucoup d'honneur.

Quiconque n'a pas assisté à nos galas se fera difficilement une idée de l'abondance, de la délicatesse et du luxe qui y présidaient. Aucun mets ne paraissait trop cher ou trop recherché pour des hommes qui venaient de prêcher la pénitence et la mortification à des malheureux qui dépensaient moins en un an pour nourrir leur famille qu'il n'en coûtait souvent en un jour pour nous traiter.

Nous passions dans le pays comme les collecteurs du grand-turc ou comme une nuée de sauterelles, faisaisant rafle sur tout et ne nous retirant jamais les mains vides. Je ne me souviens pas que nous ayons séjourné huit jours dans une ville ou dans un bourg sans y avoir organisé des succursales et sans y avoir acheté ou désigné, pour qu'on l'achetât, un local propre à fonder un établissement religieux. On ne saurait s'imaginer combien la crédulité de la Bretagne est une mine féconde et avec quelle facilité une population heureusement douée par la nature se laisse pourtant duper par des charlatans de toute espèce....

Un soir, nous soupions chez un notable de la ville. Sa fille, jeune et belle personne de seize à dix-sept ans, était assise en face de moi, à côté du père M. Malgré moi, mes regards se dirigeaient souvent vers elle, et mon imagination, échauffée par la bonne chère, teignit en rose mes idées d'abord assez sombres.

De son côté, la jeune fille s'enhardit à me lancer quelques œillades à la dérobée, et mon amour-propre me persuada bien vite que je ne lui déplaisais pas.

Probablement quelque pensée du même genre traversa l'esprit du père M., qui avait causé assidûment avec la demoiselle pendant le souper, car il me laissa voir un mécontentement à peine contenu. Ce n'est pas sous l'influence du vin de Bourgogne qu'un jeune homme peut calculer la portée de ses actions; aussi pris-je un malin plaisir à augmenter la jalousie de mon confrère en me montrant plus attentif pour sa voisine, dont les doux yeux rencontrèrent deux ou trois fois les miens.

Le visage du père M. se rembrunissait, et l'orage s'amassait sur son front. Je me sentais en état de tout braver, et je continuai mes agaceries, que la demoiselle semblait accueillir avec plus d'indulgence que le père M. ne l'eût souhaité. Bref, la tête me tourna, et je ne pensais guère à l'habit que je portais lorsque nous nous levâmes de table.

J'attendais ce moment; mais le père M. me rendit malice pour malice : la jeune personne fut rappelée par sa mère et ne reparut plus de la soirée. Chaque fois que la porte s'ouvrait j'espérais voir rentrer la jeune fille, et chaque fois j'éprouvais un nouveau désappointement.

Le père M., qui causait à quelques pas, me guignait de l'œil et paraissait jouir de mon supplice : j'étais furieux contre lui. Enfin cette soirée finit, à ma grande satisfaction.

Je devais prêcher le lendemain à l'occasion d'une plantation de croix. Il me fut impossible d'étudier mon sermon ; je me sentais distrait, et ma mémoire rebelle ne devenait docile que pour me retracer les plus minutieux incidents du dîner de la veille. Allais-je encore être amoureux ?...

L'heure du prêche arriva, et je montai en chaire avec répugnance. Ce n'était pas ma coutume, car rien ne flattait autant mon orgueil que de jouer vis-à-vis des hommes le rôle d'un être supérieur, sorte d'intermédiaire entre la terre et le ciel.

Ma langue balbutia la prière d'usage, et je commençai. Mon débit était embarrassé, les mots ne venaient pas et les idées me faisaient défaut. Je me sentais intimidé et de quelque côté que je me tournasse, je rencontrais des regards attachés sur les miens et qui peignaient l'anxiété. Évidemmcnt l'auditoire souffrait, et il n'y avait pas là de quoi me rasssurer. Hors de moi, je cherchais déjà un faux-fuyant pour me tirer d'affaire à tout prix, lorsqu'au milieu de mon trouble j'entrevis deux yeux dans lesquels brillaient des larmes. La jeune fille cause innocente de ma mésaventure s'était placée en face de la chaire et elle semblait partager mon embarras, comme si elle eût pu deviner qu'elle en était le véritable sujet.

Ce témoignage inattendu de sympathie changea le cours de mes idées, réveilla mon esprit et aiguillonna tellement mon amour-propre que je me sentis un autre homme. Un frisson me parcourut de la tête aux pieds, l'inspiration se fit jour, et j'improvisai un sermon qui valait mieux cent fois que celui dont ma mémoire n'avait pas voulu se charger ; en un mot, s'il est permis d'écrire tout ce que l'on pense, j'avouerai que je crus et que je crois encore avoir été éloquent ce jour-là. J'enlevai mon auditoire, et la chaire qui avait failli devenir le théâtre de ma honte devint le témoin de mon triomphe. La ville retentit de mon succès, et aux manières plus froides de mes confrères, je devinai qu'il avait été considérable.

Dès le lendemain, au moment où nous allions nous rendre à l'église, le père M. vint m'annoncer que j'étais destiné à prêcher une mission à F...

— Je vous conseille, ajouta-t-il d'aller faire vos préparatifs pour vous acheminer immédiatement vers cette nouvelle destination.

Devais-je ce brusque changement à la vanité froissée du prédicateur, ou à la jalousie de l'homme du souper? Peut-être à ces deux causes; mais je n'affirme rien. Il est si difficile de deviner les véritables sentiments des gens qui appartiennent à la société du Sacré-Cœur de Jésus.

Je quittai donc la petite ville. Ce fut un bonheur pour moi, car dans les dispositions où je me trouvais, avec la faiblesse de mes bonnes résolutions, je serais retombé inévitablement dans le désordre des passions; je le sentais, et cependant je partis le cœur serré et les larmes aux yeux.

III

Le chef de la mission de F... me reçut assez froidement, et au lieu d'être employé à la prédication, j'eus de nouveau la charge pénible des confessions. Je reconnus à ce trait la main du père M., et ma haine pour lui s'en accrut d'autant.

F... ne répondait pas aux espérances des missionnaires. Soit que la perversité du siècle eût pénétré ses habitants jusqu'à la moëlle des os, soit que la conduite impérieuse du père H. eût révolté le peuple, toujours est-il que nous nous trouvâmes exposés à prêcher dans le désert. Les églises n'étaient pas vides pourtant ; mais nous comptions pour rien cette tourbe de vieilles femmes et de dévotes qui forment le fonds inévitable de tout prédicateur, quel qu'il soit. Il fallait à notre orgueil d'autres auditeurs moins complaisants et moins aveugles, et ceux-là précisément nous faisaient complètement défaut : c'est ce que nous ne pouvions ni souffrir ni pardonner.

Le directeur régla ses comptes, jeta un coup d'œil douloureux sur la caisse et nous partîmes, précédés des marchands d'images, qui avaient déjà décampé pour aller planter leurs boutiques sur une terre où la parole de Dieu devait porter plus de fruits.

La petite ville de F... avait un collège et une école d'enseignement mutuel. Peu de temps après notre départ on ferma, par ordre supérieur, ces deux établissements. Ainsi, notre passage, en procurant des vacances illimitées aux écoliers, fit au moins plaisir à quelqu'un. Le maire fut, en outre, engagé à donner sa démission et deux ou trois fonctionnaires reçurent leur congé; *Ibant et benefaciebant :* ils allaient et semaient les bienfaits de l'Evangile.

Cet échec me valut la faveur d'entrer dans la confiance du père H. Il avait besoin d'épancher sa bile et, comme il trouvait les autres pères trop taciturnes, il me rendit dépositaire de ses douleurs. Que de malédictions il lança sur la ville impie en secouant à la porte la poussière de ses souliers! Il invoqua les ours du prophète; mais, heureusement, Dieu, pour con-consoler de son désappointement un jésuite atrabilaire, ne jugea pas à propos de lui susciter des vengeurs.

Nous descendîmes au presbytère de la paroisse de B..., et il me sembla voir percer une certaine gêne dans l'accueil d'ailleurs fort empressé du recteur. Mes confrères ne s'en inquiétèrent guère et firent main-basse sur ses provisions. J'eus pitié, malgré moi, de l'embarras de ce pauvre curé : il se trouvait seul dans sa maison avec un enfant de quinze ans, gauche et maladroit, et nos pères ne daignaient pas lui prêter la plus faible assistance. Je l'aidai de mon mieux et, tout en apprêtant le dîner pour la compagnie, notre hôte me raconta que sa servante était allée voir depuis la veille sa mère, qui venait de tomber en paralysie.

Vaille que vaille, nous servîmes notre cuisine, et mes compagnons voulurent bien y faire honneur. Le curé s'en montra flatté ; mais il perdit sa mine épanouie, lorsqu'on décida que nous coucherions au presbytère. Les chemins de Bretagne ne sont pas ordinairement excellents ; la pluie qui tombait depuis le matin les avait rendus tellement impraticables qu'il n'était pas possible de se remettre en route ce jour-là.

Pendant que le recteur faisait à contre-cœur les préparatifs que notre séjour rendait nécessaire et que mes confrères disaient leur bréviaire, je profitai d'un rayon de soleil pour descendre dans le jardin.

Je pénétrai sous une charmille placée à l'une de ses extrémités et je m'assis sur un banc de gazon. A ma droite était le presbytère, dont j'étais séparé par un feuillage épais ; en face de moi s'élevait une petite cour carrée qui formait l'équerre avec la maison et communiquait avec elle par un corridor intérieur : une seule fenêtre encadrée de vignes sauvages, lui donnait du jour. Le lierre avait revêtu le mur d'un manteau d'émeraude. Ainsi vue du fond de l'allée sombre, la vieille tourelle produisait un effet charmant.

Tandis que je contemplais ce tableau, je crus apercevoir à travers les vitres de la fenêtre un visage féminin ; je regardai avec plus d'attention, et je distinguai les traits d'une fille jeune et jolie, coiffée du bonnet plat que portent les paysannes de cette partie de la Bretagne. Je ne fis que l'entrevoir, mais c'était assez pour me donner la certitude que notre hôte n'était pas aussi absolument privé de société dans sa cure qu'il avait bien voulu me le dire.

En ce moment, le jeune garçon que nous avions trouvé au presbytère vint à passer dans le jardin, je l'appelai, et, lui montrant du doigt le mur :

— Qui demeure là ? lui dis-je.

Il me regarda d'un air niais ; puis, reportant les yeux sur la tourelle, il ne me répondit point.

— Mon ami, lui demandai-je de nouveau, qui donc habite cet endroit ?

— Je n'en sais rien, Monsieur l'abbé, s'il y a quelqu'un qui y demeure.

— C'est que je voudrais y coucher cette nuit, repris-je, et tu me ferais plaisir si tu voulais en prévenir le recteur.

— Oh ! pardi, répliqua-t-il aussitôt, je m'en garderai bien ; il ne veut pas que j'aille de ce côté et il me croirait encore curieux, quoique je n'y pense plus.

— De quoi donc étais-tu curieux ?

— Pardine, Monsieur, je voulais savoir pourquoi, depuis le départ de Marie-Jeanne, la porte du corridor était toujours fermée et je regardais de temps en temps par le trou de la serrure ; je n'y voyais que du noir... Il y a trois jours, M. le recteur m'a trouvé là et après m'avoir tiré les oreilles, il m'a bien averti que, s'il m'y reprenait, il me mettrait à la porte.

— Pourquoi donc M. le curé est-il si fâché

que tu veuilles savoir ce qui est renfermé dans cette chambre?

— A savoir... Je l'ai quasiment vu tous les jours y aller avec un panier et des assiettes... Mais n'allez pas au moins le lui rapporter, monsieur l'abbé ; il me renverrait chez ma mère, qui n'a pas de pain à manger...

Je donnai quelques sous au naïf bavard et je le congédiai. Je savais maintenant qui habitait la tour, et je devinais pourquoi le recteur s'entourait de mystère. Mes suppositions étaient parfaitement fondées. C'était un pendant à l'histoire du pavillon où j'avais trouvé une si étrange lettre quelque temps auparavant.

Le bruit courut, en effet, quelque temps après, que le curé de B... était soupçonné d'avoir rendu mère sa servante et d'avoir fait disparaître le fruit de sa coupable liaison. La justice eut vent de l'affaire ; mais le clergé s'en mêla et les choses n'allèrent pas plus loin : on en fut quitte pour du scandale.

Les aventures du genre de celles que je viens de raconter sont malheureusement trop fréquentes parmi les prêtres et si l'on était tenté de me reprocher de les révéler, je répondrais que je reste bien au-dessous de la vérité, et que je ne dis qu'une bien faible partie de ce que j'ai vu ou appris à cet égard. Loin de moi d'ailleurs la pensée de parler pour le malin plaisir de présenter mes confrères sous un jour défavorable. En insistant sur des faits très fâcheux et que je ne prétends pas justifier, j'ai pour but de montrer au législateur les effets désastreux, mais inévitables, produits par une cause unique : le CÉLIBAT...

La ville où nous nous établîmes nous dédommagea amplement de notre récent échec. Nous y fîmes de bonnes affaires ; mais il paraît que nous ne travaillions pas tous uniquement pour la compagnie, car notre directeur prenait d'avance sa part, sans scrupule, sur les produits encaissés. Il m'avait chargé de la comptabilité, probablement parce que j'étais le plus jeune, le moins en crédit et celui de tous dont on étoufferait le plus aisément la voix s'il s'avisait de parler. Comme il ne m'avait point mis dans sa confidence, je voulus dans un de mes comptes faire entrer une somme assez forte qu'avaient fournies les quêtes ; mais le père s'y opposa en me disant qu'elle avait reçu une autre destination. J'insistai ; il se fâcha, et nous nous quittâmes en assez mauvais termes.

Je fus surpris de voir dans la soirée notre directeur entrer chez moi. Il prit un siége sans façon et, remettant sur le tapis le sujet de notre conversation du matin, il m'annonça franchement qu'il ne croyait pas manquer à ses devoirs de conscience en s'appropriant une partie du fruit de ses labeurs.

— Il en reste toujours assez pour la Société, ajouta-t-il, puisqu'elle a cent bourses où puiser tandis que moi je n'en ai qu'une. En somme, il est juste que, contribuant à remplir la caisse, je contribue à la vider dans la mesure de mes besoins ; je ne fais donc, en prélevant ma part, qu'établir une équitable répartition sans rien dérober à personne.

Le raisonnement était subtil et bien digne d'un héritier des illustres casuistes qui s'appelaient Escobar et Sanchez. J'essayai pourtant de rétorquer l'argument en démontrant au père qu'il manquait à ses vœux et à ses serments et qu'il commettait une action criminelle aux yeux des hommes et de Dieu, à qui rien n'est caché.

Il sourit en me regardant avec malice et, se renversant sur sa chaise, il prit un ton interrogatif, et me dit :

— Si je suis coupable vis-à-vis des hommes et surtout de Dieu en m'appropriant une faible portion du produit de mes travaux, parce que selon mes engagements je dois tout donner à notre compagnie, que pensez-vous, je vous prie, de celui qui a fait serment de chasteté et qui se livre à des passions criminelles ? Quelle opinion faut-il avoir de celui qui, devant toujours donner des conseils conformes à la vertu et à la religion, abuse au tribunal de la pénitence de la confiance d'une jeune fille jusque là d'enflammer ses sens, de lui inspirer des désirs criminels et d'entretenir avec elle un commerce que les lois divines et humaines ne sauraient trop punir ?...

En achevant cette tirade solennelle, le père H. déposa sur ma table une lettre dont je ne connaissais que trop l'écriture.

Je restai anéanti.

Il me regarda un instant en silence, comme s'il eût joui de mon accablement ; puis, reprenant la parole :

— Mon frère, ajouta-t-il, vous voyez combien l'indulgence pour le prochain est une vertu nécessaire, puisque tout homme a besoin, pour son propre compte, de celle des autres.

Il me conta ensuite, avec une franchise qui acheva de me rassurer, que c'était le père M. qui lui avait envoyé la lettre en lui communiquant une partie de ce qui m'était arrivé.

Cette lettre, qui était à mon adresse, avait été remise au père M. le jour de mon départ, et il ne s'était pas fait scrupule de l'ouvrir. Elle n'avait probablement servi qu'à confirmer les renseignements qu'il possédait sur ma conduite passée. Comment se les était-il procurés? je ne pus le deviner; toujours est-il qu'il en savait beaucoup plus long que je ne l'aurais désiré.

On comprend que j'étais en mauvaise situation pour continuer de moraliser; mieux valait me taire : c'est le parti que je pris et nous nous séparâmes le directeur et moi sans qu'il fut plus question de la somme détournée. Je dois le dire, depuis je n'ai jamais eu à me plaindre du père H., et je le regarde encore à l'heure qu'il est comme le moins méchant de tous ceux des membres de la Société que j'ai connus.

La lettre fatale était restée sur ma table, et je l'ouvris avec un mélange de répugnance et de curiosité.

« Ce n'est que de ce matin, m'écrivait l'in-
« connue, que j'ai enfin découvert le lieu où
« vous vous tenez caché, et, malgré l'indigna-
« tion que j'éprouve, je me hâte de vous écrire;
« mais pourquoi vous parler de la cruauté de
« votre départ, de votre silence plus cruel
« encore? Je voudrais en vain vous faire des
« reproches : je n'en trouve pas dans mon
« cœur, et tout mon ressentiment expire en
« songeant que c'est à vous que j'écris.

« Comment se peut-il que vous n'ayez pas

« pris la précaution que je vous avais indiquée,
« et qu'un si long espace de temps se soit écoulé
« sans que vous m'ayez donné de vos nou-
« velles, sans que vous ayez daigné pren-
« dre le moindre souci d'une existence que
« vous saviez tout entière à vous? Le cœur de
« l'homme perd-il donc en un jour le souvenir
« que la femme sait garder éternellement?
« Rassurez-moi, je vous en prie, et ne perdez
« pas une minute pour me prouver que c'est
« contre votre volonté que vous m'avez fait tant
« de mal.

« Des raisons impérieuses me retiennent
« encore ici; sans cela j'aurais volé près de
« vous et, toujours invisible, inconnue, j'au-
« rais pu du moins vous voir, vous entendre;
« j'aurais goûté le bonheur de respirer le même
« air que vous, et de sentir qu'il m'était pos-
« sible d'associer mon existence à la vôtre sans
« blesser les hommes et le ciel.

« Que ces projets de rapprochement ne vous « empêchent pas de m'écrire. Je les avais con« çus, il est vrai; mais votre long silence les « a fait évanouir; d'ailleurs, je suis encore « enchaînée aux lieux que j'habite.

« Depuis que je ne vous ai vu je n'ai éprouvé « qu'une heure de joie. C'était le troisième « jour après votre départ. J'ai visité la chambre « que vous habitiez au presbytère; j'ai fouillé « partout, cherchant, mais en vain, hélas! un « souvenir de vous; j'ai revu ce lit où vous « étiez étendu, faible et malade, pendant cette « nuit où j'osai, aveuglée par ma passion, « pénétrer chez vous... Oh! combien je me « félicitai, combien je m'applaudis encore de « m'être retirée malgré les entraînements de « mon cœur, et d'avoir triomphé de moi« même dans la circonstance la plus critique « de ma vie! Je suis restée innocente; je vous « suis toujours inconnue; mon Dieu, je vous

« en remercie, car s'il en était autrement je « n'aurais plus qu'à mourir.

« Adieu.

« *P. S.* Adressez, sous enveloppe, à ma- « dame veuve C..., les lettres que vous m'é- « crirez; elle s'est chargée de les recevoir et « de me les remettre. »

Je ne connais pas les passions des gens du monde, mais je les imagine bien tièdes, comparées aux passions qui couvent au fond du cœur d'un prêtre. Pour mon compte, je l'avoue, après avoir lu cette lettre je ne me possédai plus; la pensée que cette femme m'aimait encore poussait mon imagination jusqu'au délire, et dans le désordre où me jetait l'ardeur de mon désir, je maudis pour la centième fois les liens qui comprimaient ma jeunesse et faisaient de ma vie un éternel martyre. Au surplus, la réponse que j'adressai à l'inconnue indiquera mieux que tout ce que je pourrais dire dans quelles dispositions d'esprit je me trouvais.

« Aucun de vos reproches n'est fondé. Vous
« me plaindriez au lieu de m'accuser, si vous
« saviez complètement la vérité. Ainsi com-
« ment pouvez-vous croire que s'il m'eût été
« permis de vous écrire je n'en eusse pas pro-
« fité?... Mais à quoi bon ces récriminations
« inutiles lorsque j'ai tant de choses à vous dire?

« Votre lettre a été ouverte; on l'a lue.
« Mais, grâce au ciel, vous êtes à l'abri; moi
« seul aurais à redouter quelque danger, si je
« pouvais craindre autre chose que votre in-
« différence. Hélas! vous qui semblez me re-
« procher la mienne, vous ne saurez jamais
« combien j'ai été malheureux lorsqu'il m'a
« fallu m'éloigner de vous. Que d'heures dou-
« loureuses se sont écoulées pour moi avant que
« j'aie pu goûter un peu de repos! Combien de
« fois ma pensée s'est reportée en arrière pour
« s'enivrer des souvenirs du passé.

« Je vous le confesse, je me suis surpris à « vous accuser de mon malheur. Il vous eût « été si facile de nous rendre heureux? Je vous « l'avais déclaré : j'étais prêt à fuir dans le « nouveau monde pour vous y retrouver. Vous « savez qui m'a retenu? Les serments qui me « lient n'étaient qu'un faible obstacle et mon « instinct et ma raison m'avaient averti qu'ils « ne pouvaient m'enchaîner à jamais... Vous « ne l'avez pas voulu. Mais ne leverez-vous pas « enfin le voile mystérieux qui vous couvre?

« Il me serait impossible de supporter long« temps encore, je vous l'avoue, la société des « hommes avec lesquels je dois vivre. Ma cons« cience répugne à cette association. Je suis « déterminé à demander à faire partie des mis« sions étrangères pour me dégager de toute « entrave. Je ne regretterais rien dans ma pa« trie, si je ne vous aimais pas autant qu'on « peut aimer. J'ai la certitude en même temps

« que l'esclavage qui pèse sur moi étouffera, « tant qu'il durera, les facultés aimantes de « mon cœur, aussi j'appelle de toute la puis- « sance de mes vœux les rivages où la liberté « semble me sourire. . . . .

« Voilà ce que vous appelez de folles illu- « sions et cependant qu'il serait facile d'en « faire une réalité!... Pardonnez-moi, il est si « doux, quand on souffre, de rêver le bon- « heur!

« Je vais probablement me rapprocher de « Z....; notre mission doit embrasser les cam- « pagnes qui l'environnent. Je puis encore « recevoir une lettre de vous si vous m'écrivez « avant huit jours. Ayez soin, dans tous les « cas, de m'adresser votre réponse poste res- « tante. »

Je revenais de jeter ma lettre à la poste lorsque le directeur de la mission m'apprit que nous partirions le lendemain pour Rennes. La liaison de l'un de nos pères avec une religieuse commençait à s'ébruiter et l'on voulait, en s'esquivant à propos, donner aux âmes dévotes le moyen de nier le scandale ou tout au moins d'étouffer les rumeurs dont il était cause.

Je n'ai été que très rarement en contact avec les religieuses, mais cela m'a suffi pour m'apercevoir que des liaisons intimes s'établissent très aisément entre cette classe de femmes et les prêtres. La conformité de position et l'importance que des deux parts on attache au secret est une garantie mutuelle de discrétion.

Avant de partir, j'écrivis un second billet pour donner ma nouvelle adresse à l'inconnue.

On se rappellera la confidence que m'avait faite le directeur de la mission. A la suite, il s'était établi entre nous des rapports fréquents et il me montrait une grande confiance; nous avions souvent de longs entretiens. Un soir, entre autres, il s'agissait du but de la Société de Jésus et de l'emploi qu'elle faisait de l'argent qui lui arrivait de toutes parts. Je n'avais jamais beaucoup réfléchi sur ce sujet; aussi mon confrère haussait les épaules en m'entendant bavarder au hasard et battre les buissons.

— Vous n'êtes qu'un enfant, me dit-il; mais, puisque vous faites partie de la compagnie, vous avez le droit de savoir quelque chose de ce qui nous concerne. D'abord, persuadez-vous bien que nous n'envisageons en aucune manière la religion comme but de nos efforts; nous la regardons comme un moyen, et voilà tout. Les charlatans, — passez-moi cette comparaison, — les charlatans sont de tous les hommes ceux qui croient le moins à l'efficacité de leurs drogues; et, en vérité, nous nous trouverions au-dessous de nous-mêmes si nous n'avions d'autres vues que celles que vous nous prêtez si charitablement. Pour me suivre et me comprendre, il faut, je vous en avertis, vous dégager de ces idées étroites et les laisser aux curés de campagne, nos dociles instruments. Croyez-nous, je vous prie, capables de concevoir de plus hautes pensées, et prisez-nous à notre juste valeur. — Je ne sais si Saint-Ignace avait lui-même conscience de la portée de son œuvre : j'en doute ; mais, dans tous les cas, celui, quel qu'il soit, qui a indiqué à l'institution son véritable but ; celui qui, après avoir formé le plan, a su intéresser tant d'ouvriers à son accomplissement, celui-là était, à coup sûr, un esprit d'une vaste ambition. Bien des hommes ont rêvé la domination universelle ; un moine seul pouvait songer à y arriver autrement que par les armes. Subjuguer les hommes par la superstition et l'hypocrisie, anéantir les lumières de la raison pour les mieux asservir, telle est la tâche immense que s'est imposée notre société. Pour réaliser ce projet, il fallait s'emparer de tout ce qui donne l'influence, de tout ce qui constitue le pouvoir. Entre tous les moyens offerts, le plus puissant peut-être était l'argent; aussi, voyez-vous nos bons pères accaparer les fortunes *per fas et nefas* et devenir, s'il le faut, commerçants pour accroître leurs trésors. Ce n'est pas tout. Ils étaient trop habiles pour négliger une autre source de crédit : la disposition des emplois et des honneurs. Voyez encore par quel heureux privilège les jésuites sont les dépositaires des confessions des rois et des grands de la terre. Les cours, voilà le théâtre exploité par les plus hautes intelligences de l'ordre. Quant à nous, pauvres petits frères, nous sommes chargés de développer nos talents et notre zèle dans des conditions plus humbles. Nous n'en sommes pas moins d'utiles auxiliaires qu'il ne faut pas dédaigner : si les grands accordent les faveurs sur nos recommandations, en revanche nous assurons aux grands le respect et la soumission du peuple. — Si l'hydre aux mille bras venait à lever la tête, que deviendraient les maîtres des nations?...

En même temps que nous poursuivons en bas les idées d'indépendance, et que nous en étouffons la moindre lueur dans les classes inférieures de la société, nos supérieurs empiètent en haut chaque jour davantage et mettent la main sur le pouvoir des rois. Eh bien! qu'on nous laisse dominer les deux puissances, le roi et le peuple, le maître et le sujet, et nous régénérerons l'univers; oui, mon ami, nous régénérerons l'univers... Ne vous étonnez pas: c'est là notre but, et nous avons assez de force et de persévérance pour l'atteindre.

— Mais, lui demandai-je, pourquoi commencer par abrutir les hommes, si vous voulez finir par les régénérer?

— Pourquoi? me répondit-il en souriant;

par une maison toute simple ; c'est qu'autrement nous n'arriverions jamais à nos fins.

— Mais, mon père, insistai-je encore, nous nous rendons odieux partout où nous passons. On s'élève contre nos calculs intéressés ; on blâme énergiquement les moyens de toute sorte que nous employons pour extorquer des dons. C'est nous faire des ennemis, au lieu de préparer les esprits à accepter la direction dont vous me parliez tout à l'heure.

— A un certain point de vue, vous avez raison, me répondit le père ; mais il faut voir la chose sous toutes ses faces. Voici le revers de la médaille : l'argent crée l'influence ; la propriété donne le pouvoir, et, songez-y bien, avant cinquante ans la Société de Jésus possédera la moitié de la France et pourra seule faire le métier de banquier et prêter aux rois. Vous doutez ? comptez le nombre des maisons et des terres qui nous appartiennent déjà ; additionnez le chiffre des donations que reçoivent légalement les institutions religieuses, pour nous les rendre tôt ou tard..... Est-ce fait? eh bien! tout cela n'est pas la dixième partie du profit qui se réalise dans l'ombre. Paraître pauvres pour obtenir est un calcul que nous entendons à merveille, et nos opérations sont plus fructueuses que celles des financiers les plus renommés. Les fonds que nous n'employons pas utilement dans les opérations de banque servent à nous assurer, à l'aide de prête-noms complaisants, d'immenses étendues de terres. Nos chefs poussent le gouvernement à la reconstitution de la grande propriété et quand la France, divisée entre un petit nombre de mains, comptera 30 millions de prolétaires à la merci de quelques milliers de riches, nous aurons fait un grand pas vers la domination, objet de nos désirs. Vous parlez des criailleries de l'opinion..... Si quelques bouches s'ouvrent pour nous maudire, cent autres chantent nos louanges, publient nos mérites et imposent silence aux médisants. D'ailleurs, n'avons-nous pas à nos ordres les faveurs, les places et ce qui vaut autant, les destitutions? Ne croyez pas, au surplus, que nous ne saisissions la société qu'à l'aide de ces moyens purement matériels, pour ainsi dire : une autre voie nous conduit à l'envahissement, et ce n'est pas la moins sûre; je veux parler de L'INSTRUCTION PUBLIQUE. Les ignorantins sont déjà en campagne; des nuées de sœurs décorées de costumes et de noms différents ont mis la main à l'œuvre, et des sujets capables sont depuis longtemps désignés pour prendre, au moment opportun, la direction des colléges. Peu à peu l'instruction publique passera entre nos mains, et le fait se consommera sans attirer les regards, sans éveiller les soupçons, car il sera le fruit du manége des congréganistes et des affiliés à la congrégation.

Comme je ne paraissais pas comprendre, il continua.

— Je m'explique plus clairement dit-il. Un père de la Foi arrive sans éclat dans une ville avec l'autorisation d'ouvrir un pensionnat. Il s'installe, et nos gens se mettent à la besogne. Bientôt on raconte des merveilles de la rapidité des progrès que font les élèves. La sainteté du père et de ses collaborateurs répond de l'excellence de l'éducation des enfants. Le modeste pensionnat prend de jour en jour plus d'extension ; les dévotes y font couler à flots les sources de l'abondance et du bien-être ; les autorités l'accueillent, le favorisent et le prônent. Pendant que tout cela se passe, le silence le plus défavorable entoure le collège antérieurement établi, et avant qu'un long temps s'écoule, il tombe accablé par les intrigues devant son jeune et triomphant rival. Cela vous paraît clair, n'est-ce pas ? Or, ce qui est facile à réaliser dans une ville ne l'est pas moins dans dix, dans vingt, dans cent. Conclusion : au bout de quelques années, grâce aux menées de nos chefs, qui tiennent en haut le gouvernail, l'instruction publique sera partout dirigée par des enfants de Loyola, et en vérité il faudra que la génération naissante, fille de la Révolution, ait puisé dans le sein maternel les germes d'une maladie bien incurable, pour que nos antidotes ne parviennent pas à l'extirper radicalement.

Ainsi se termina le long et instructif discours du bon père.

IV

Ces révélations, en me montrant sous leur véritable jour les hommes auxquels m'avait attaché un sort fatal, ne contribuaient pas peu à augmenter mes regrets. Ainsi, ce n'était pas assez d'avoir perdu mon indépendance, d'avoir renoncé aux doux sentiments de la nature, il me fallait encore, sans le vouloir, contribuer à l'asservissement de mes semblables. Je trouvais au fond de mon cœur les idées de justice et de vérité, et je me sentais lié à l'iniquité et à la fourberie.

Tout était mensonge en moi et autour de moi. Homme, je mentais aux instincts les plus légitimes de mon organisation, en me condamnant au perpétuel sacrifice du bonheur qu'apportent avec elles les affections de la famille. Prêtre, je mentais au but de ma mission évangélique, en prêchant autre chose que la fraternité et l'égalité.

Peut-être aurais-je trouvé dans la conscience que je remplissais utilement mon devoir, un dédommagement et une sorte de consolation à mes souffrances personnelles ; mais cette ressource, cette force me manquaient. Bien plus, mon dévoûment, j'en avais maintenant la certitude, devait tourner à ma honte et, par un déplorable hasard, le strict accomplissement des obligations qui m'étaient imposées devenait pour moi une source inépuisable de remords.

où je cherchais le soulagement, je ne rencontrais qu'une augmentation de peines. En un mot, pour être fidèle à mes serments, il me fallait trahir les lois divines et humaines.

« Nous éprouvons, a dit je ne sais quel moraliste, une secrète satisfaction à voir que nous ne sommes pas seuls à souffrir. » J'eus bientôt l'occasion de vérifier par moi-même la justesse de cette maxime, qui montre sous l'un de ses plus tristes aspects notre égoïste nature.

Un gentilhomme de la province vivait séparé de sa femme, à laquelle il reprochait avec raison, de l'aveu de tout le monde, les torts les plus graves. Il n'avait qu'une fille, charmante, parfaitement élevée et remplie d'affection pour l'auteur de ses jours. Un de nos pères sut prendre sur elle un tel empire qu'elle abandonna la maison paternelle avant notre départ, et alla nous attendre à Z., où son séducteur lui avait donné rendez-vous. Je fus témoin de la douleur du malheureux père. Il ignorait le sort de sa fille, et le misérable qui la ravissait à sa tendresse venait, sous le masque de l'amitié et de la religion, essuyer les pleurs qu'il faisait couler.

— Voilà, me disais-je, en contemplant le désespoir paternel, voilà donc la destinée que j'ambitionne, les malheurs auxquels j'aspire et que je voudrais échanger contre les tourments de ma solitude.

Et je parvins à me consoler quelque peu, en comparant ma situation à celle du pauvre gentilhomme, et en restant convaincu qu'en définitive il était encore plus à plaindre que moi.

Le directeur de la mission devait établir une maison de retraite à Vitré. Il me proposa de me charger de ce soin. Avant d'accepter, je lui demandai quarante huit heures de réflexion. Je prêchais le lendemain à l'église de Saint-M.... J'avais acquis une certaine réputation comme prédicateur ; je voulais la soutenir, et je me préparais par l'étude, et surtout par la méditation, à paraître devant mon auditoire.

L'une des promenades les moins fréquentées de la ville se trouve au confluent des deux rivières qui se réunissent pour former la Vilaine. C'était là que j'allais rêver de préférence. Ces eaux qui fuyaient devant moi devaient bientôt couler au milieu des landes et des prairies qui avaient vu les jeux de mon enfance et j'éprouvais un charme mélancolique à leur confier, comme à un messager fidèle, le souvenir que mon cœur adressait à la patrie absente.

Je me promenais lentement, songeant à mon sermon, et j'arrivais à l'endroit où les deux rivières se confondent en une seule, lorsque j'entendis marcher derrière moi. Je me retournai, et je vis une femme qui reprenait brusquement le chemin de la ville. Je ne connaissais plus personne à Rennes, et je ne sais pourquoi la vue de cette femme me fit battre le cœur. Je la suivais involontairement des yeux en continuant ma promenade, lorsqu'arrivé à l'endroit où elle était retournée sur ses pas, j'aperçus un papier. Il était à mon adresse et de l'écriture de mon inconnue.

Sans plus hésiter, je me mis alors à la poursuite de la personne qui fuyait devant moi. Elle hâta sa marche au bruit que je faisais derrière elle; cependant je l'aurais probablement atteinte, si deux soldats qui débouchèrent à une centaine de pas ne m'eussent contraint de ralentir ma course et de prendre une allure compassée et réfléchie comme celle qui convient à un prêtre... La femme en profita pour gagner du terrain, et lorsqu'elle sortit de la promenade, je la vis, à mon grand chagrin, disparaître au milieu d'un groupe de femmes assemblées au pied d'une croix de mission.

La lettre au moins me restait, et je me hâtai de la lire ; elle était ainsi conçue :

« Monsieur,

« Je m'étais imaginée que je serais heureuse « de vivre auprès de vous ; mais depuis deux « jours que je devrais goûter ce bonheur, je « sens combien je m'étais trompée. J'ai laissé « dans l'inquiétude la plus vive sur ma santé « un père et une mère dont je trahis la plus « tendre confiance. Hélas ! ils croient que le « corps souffre lorsque l'âme seule est malade ! « Mais je veux écarter cette pensée ; elle as- « sombrit mon imagination et me donne envie « de pleurer.

« En venant ici je voulais vous voir à votre « insu, vous suivre partout où je pourrais le « faire sans crainte de me découvrir ; il me sem- « blait que cela suffirait pour satisfaire les exi- « gences de mon cœur. Je me connaissais mal,

« et cette lettre vous prouve que je n'ai pu vous « taire le secret de ma présence. A chaque ins« tant je me trouve en contradiction avec moi« même, et je ne me sens jamais plus faible que « lorsque je crois m'être préparée à la plus « ferme résistance.

« Au lieu de vous écrire ce que j'éprouve, « au lieu de laisser parler mon cœur, j'hésite, « et ma plume se refuse à tracer les mots que je « me complais à répéter tout bas. Au moment « où je me décide à vous entretenir de mon « amour, une chaleur subite me monte au vi« sage, je porte un regard tremblant autour de « moi, il me semble que cent yeux sont fixés « sur les miens ; et pourtant, que je serais heu« reuse de pouvoir vous ouvrir mon âme tout « entière !

« Oh ! oui, je suis en perpétuelle contradic« tion avec moi-même ; mais à qui la faute, si « ce n'est à vous ?

« Avez-vous, dites-moi, la moitié de la pas-« sion qui me tourmente? Mon image vous « apparaît-elle sans cesse dans vos rêves, pen-« dant vos insomnies? Pleurez-vous en son-« geant à moi.

« Quand je vous vois je perds la force de « réfléchir. Vingt fois j'ai été tentée d'aller à « vous, de me découvrir et de mourir ensuite « de honte, mais le courage me manque... Je « suis sage par pusillanimité.

« Il y a longtemps que je veux vous faire une « demande; je ne sais comment m'y prendre « pour vous l'adresser, je n'ose la confier au « papier, et cependant elle oppresse mon cœur « et m'obsède sans relâche... Auriez-vous, à « l'exemple de beaucoup de vos confrères ?.... « faible que je suis, pourquoi hasarder ces « questions?

« Demain vous êtes attendu avec impatience « par les dévotes de la ville. Vous avez une ré-

« putation dont je suis fière, mais qui me rend « jalouse quand j'entends certaines personnes « témoigner leur admiration pour votre talent. « Qui sait ce que vous fait éprouver la vue de « toutes les femmes suspendues à vos lèvres « pendant que vous occupez la chaire?... Je « n'irai pas vous entendre. Hélas! si j'avais « toujours évité ce piège, mes parents ne pleu- « reraient pas leur fille chérie. — Gardez-vous « de croire que j'aie fui la maison paternelle : « je ne suis encore coupable que de mensonge. « Que le ciel veille sur moi et me préserve d'un « plus grand malheur. Adieu. »

Je n'eus pas le temps de me livrer aux réflexions que cette lettre soulevait en foule, car je fus, presqu'immédiatement après ma lecture, abordé par M. K., l'un des principaux magistrats de la ville. Jamais homme ne me parut plus insupportable; cependant, il mettait tout en usage pour me plaire et pour flatter mon amour-propre. Il était affilié à la congrégation et visait déjà, à cette époque, à la haute position qu'il a su plus tard conquérir. Enfin, je parvins à me débarrasser de lui, et je me hâtai de rentrer chez moi. Un présent m'y attendait; c'était un magnifique surplis que m'offrait une grande dame de la cité avec quelques autres bagatelles remarquables, surtout par le fini du travail. Je trouvai aussi sur ma table une invitation à souper chez une des autorités du pays. Refuser était chose impossible, les autres pères devaient y assister et l'on y devait traiter un sujet important.

La société était peu nombreuse, mais choisie, et l'on nous donna les places d'honneur.

Que les gens du monde ne se plaignent pas de l'orgueil des ecclésiastiques. Notre vanité est leur ouvrage, car ils font tout ce qu'ils peuvent pour nous dégoûter de la modestie.

Flatteries, caresses, cajoleries, raffinements

de petits soins, tout fut employé pour nous séduire, et les hommes et les femmes se disputaient à l'envi le rôle de nos plus humbles serviteurs.

C'était un assaut d'attentions qui nous gâtait malgré nous, et au milieu de ce concert de louanges, de cet encens brûlé en notre honneur, j'avais grand peine à me rappeler le pauvre Daniel arrivant dans la même ville quelques années auparavant, portant au bras un mouchoir qui contenait tout son avoir, et encore le devait-il à la charité. Quel pas immense j'avais fait, et cependant lorsque je descendais dans le fond de ma conscience je trouvais ma valeur intrinsèque bien légère et bien mince.... Soutane! O talisman merveilleux, robe féerique à laquelle je devais ma gloire, que tu caches, sous tes plis, de pauvreté, d'ignorance, de bassesse, d'orgueil et trop souvent de vices et d'hypocrisies! . . . .

Au souper dont je parle, tout le monde semblait dévoué aux jésuites, il y avait émulation de zèle pour arriver plus vite à l'abrutissement du peuple. Les raisonnements du père directeur me revenaient à la mémoire, et je commençais à croire qu'il pouvait bien avoir dit vrai.

On agitait le plan de conduite à suivre : il fallait planter partout des croix de mission, étendre la congrégation et doter des communautés. L'éducation publique ne devait plus être confiée qu'à des ordres religieux, et ces ordres devaient prendre leurs mesures pour élever des digues contre l'envahissement des lumières de la philosophie. Je puis affirmer que les moins fanatiques d'obscurantisme étaient peut-être les missionnaires ; les autres se ruaient à outrance sur les idées libérales et n'admettaient aucune concession.

Je prenais peu de part à la conversation. J'ai

toujours remarqué qu'il ne faut qu'une robe noire et un peu de gravité pour inspirer le respect au plus grand nombre. Ce jour-là, je dus en inspirer beaucoup. On m'en témoigna en effet plus que je n'en méritais, et je reçus les compliments empressés de personnages que je regardais comme bien supérieurs à un petit abbé : mais tel était l'esprit de l'époque.

Il me souvient qu'on résolut de faire une épuration, et que l'on nota les fonctionnaires. Les plus largement rétribués reçurent presque tous une marque noire. Chaque convive avait un ou deux hommes dévoués à placer.

Nous jouions vraiment un grand rôle, et nous allions bon train.

Je devais, on se le rappelle, prêcher le lendemain. Le matin de ce jour solennel arriva sans que j'eusse encore jeté les yeux sur le cahier-répertoire de mes sermons ; il fallait que ma mémoire fit un tour de force : elle en vint à bout. A dix heures, j'étais prêt à paraître devant mon auditoire.

Les prêtres que l'habitude a guéris de la timidité naturelle à tous les hommes destinés à parler en public ont toujours plus de confiance que les orateurs ordinaires, parce qu'ils savent qu'ils peuvent compter sur les bonnes dispositions de leurs auditeurs. Pour ma part, cette conviction m'a été extrêmement utile tout le temps que j'ai prêché.

L'église était pleine et la foule se pressait dans la nef. Après avoir jeté un coup d'œil rapide sur l'assistance, je m'agenouillai pour réciter avec un semblant de ferveur la prière introductive de toute prédication. J'employai ce moment de recueillement à achever de rassembler mes idées. Je me levai ensuite, et je commençai par cette citation : « *Levavi*

« *oculos in montes undè veniet auxilium*
« *mihi* *..... »

Au moment où j'allais traduire la phrase latine, il se fit un mouvement extraordinaire au-dessous de la chaire, et je vis les auditeurs se lever pour laisser passer deux ou trois femmes qui emportaient une religieuse évanouie.

Que devins-je en croyant reconnaître dans ce pâle visage Marguerite, Marguerite que je n'avais pu oublier, tout convaincu que j'étais qu'elle n'existait plus depuis longues années. Oh! c'était bien elle! mon cœur ne s'y trompait pas.

Debout et suivant de mes regards cette amie de mon enfance, cette jeune et douce fille qui avait eu mon premier amour, j'oubliais mon auditoire : j'aurais oublié l'univers......

Cependant le bruit causé par cet incident se

* J'ai levé les yeux vers la montagne d'où l'on me viendra en aide.

calma peu à peu, et tous les yeux, détournés un instant, se reportèrent sur moi. Hélas! j'étais hors d'état de me rappeler un seul mot de mon sermon. Ma tête brûlait, mon corps était tremblant; les pleurs me gagnèrent. Ce fut un bonheur pour moi, car je tirai de mon attendrissement l'occasion de traiter d'abondance un sujet en rapport avec la situation de mon âme.

— Oui, m'écriai-je tout à coup, l'amour de Dieu peut nous donner une mort imprévue; mais c'est la mort des prédestinés, c'est la mort que le ciel n'accorde qu'à ses élus... Les âmes qui se sont rapprochées le plus de la divinité, celles qui dans une céleste vision, pour ainsi dire, ont entrevu les pompes et les splendeurs du Paradis, font effort pour rompre l'enveloppe terrestre qui les captive et s'élever, sur les ailes de l'amour divin, au séjour des voluptés ineffables et des joies éternelles....

Je parlai longtemps avec un feu, une animation, un entraînement dont je n'avais ressenti les effets qu'une seule fois auparavant. Il me fut impossible de ne pas remarquer la satisfaction de mon auditoire. Mon amour-propre s'en réjouit; mais, de retour chez moi, il me prit un tremblement nerveux accompagné d'un frisson glacial. Je pleurai pendant bien des heures, sans savoir pourquoi je pleurais. Enfin je me calmai et je pus réfléchir à ce qui venait de se passer.

Je le voyais clairement, l'infâme Léognan m'avait trompé et avait sans doute trompé aussi Marguerite.

Qu'importe! me dis-je en tressaillant de joie; elle existe encore, elle m'a reconnu, et l'état dans lequel il a fallu l'emporter de l'église me prouve qu'elle m'aime toujours. Je la reverrai, nous pourrons nous dire que nous

nous aimons encore. Qu'ai-je à désirer maintenant?...

La nuit s'écoula dans ces douces pensées. Je ne songeai même pas aux obstacles qui se dressaient entre Marguerite et moi : elle vivait, c'était plus de bonheur que je n'en pouvais espérer.

V

Le jour me trouva éveillé, mais horriblement fatigué. Je me levai à la hâte sans avoir formé de plan, et je sortis pour aller chercher des nouvelles de la religieuse qui s'était évanouie la veille au commencement du sermon. J'appris qu'elle appartenait au couvent des Sœurs... Elle avait, dit-on, repris ses sens aussitôt qu'elle avait été exposée au grand air; mais elle était dans un état alarmant : elle ne cessait de pleurer et de gémir en se frappant la poitrine.

Le croira-t-on? ces renseignements me causèrent peu d'inquiétude; je me plaisais, au contraire, à en tirer des conséquences favorables à mon amour.

Dans l'après-midi, je me présentai au couvent et je me fis répéter minutieusement les détails qu'on m'avait donnés le matin. Si la religieuse qui me répondit était douée de quelque pénétration, elle dut trouver bien singulières mes questions et plus étrange encore le ton avec lequel je l'interrogeais.

J'étais sorti avec l'intention de voir Marguerite, à quelque prix que ce fût; mais le courage me manqua, et j'osai seulement demander des nouvelles de sa santé.

Je m'en retournai tout abattu et presque honteux d'une timidité qui m'avait peut-être épargné un véritable danger; car il est probable que si j'eusse parlé dans ce moment à Marguerite, il en serait résulté une scène plus fâcheuse que celle de l'église. Je le sentais, et cependant Je me reprochais ma lâcheté sans avoir le courage de retourner sur mes pas pour la réparer.

Agité de mille pensées je revenais chez moi, lorsque je fus abordé par une femme du peuple. Elle me demanda si je n'étais pas le prédicateur qui avait prêché la veille à l'église de Saint-M..... Sur ma réponse affirmative, elle me remit une lettre à mon adresse. L'écriture m'en était bien connue, et je me sentis trembler en recevant ce billet comme si j'avais commis une mauvaise action. Cependant il me tardait de l'ouvrir, en dépit des reproches de ma conscience, et à peine étais-je rentré que je brisai le cachet. Voici ce que l'on m'écrivait :

« J'ai assisté à votre sermon d'hier, j'ai vu « votre trouble lorsque la religieuse a été em- « portée hors de l'église : je sais qui elle est, « qui vous êtes et je crois deviner le passé. Il

« est inutile de vous fatiguer des réflexions que « je serais pourtant en droit de vous adresser. « Il me suffira de vous dire que je dois plus que « jamais me féliciter d'avoir pu rester inconnue.

« Il me serait impossible de vous faire con- « naître le parti que je vais prendre. Le sais-je? « Puis-je le savoir dans l'état où se trouve mon « cœur? Seulement, j'éprouve un sentiment « d'orgueil qui m'avait été étranger jusqu'à « présent : il me viendra en aide, quel que soit « mon avenir.

« Vous aurez sous peu de mes nouvelles. Ne « craignez rien; si vous saviez ce qui se passe « dans mon âme vous comprendriez que je « veux et que je puis me modérer. Adieu. »

Cette lecture ne produisit pas sur moi l'impression qu'elle m'eût faite en toute autre circonstance. J'en fus bientôt distrait par la pensée exclusive de Marguerite, et je m'abandonnai sans résistance aux enivrantes rêveries que son souvenir réveillait dans mon esprit.

Que l'on me permette à cette occasion une réflexion que me suggère mon expérience personnelle. Je crois qu'il serait prudent d'assujétir les prêtres à des occupations journalières propres à les distraire des passions qui s'emparent invinciblement de ces hommes trop souvent oisifs. La lecture du bréviaire ne prend que peu de temps dans la journée et laisse, d'ailleurs, par sa sécheresse et sa monotonie, l'esprit libre de se porter sur tout autre sujet. On lit le bréviaire comme on se lève, comme on se couche, sans y attacher d'autre importance que celle d'un devoir de pratique à remplir.

Ici, je l'avoue, se présente une grave difficulté. Je sens bien la nécessité d'occuper les prêtres pour les arracher aux dangereuses inspirations de l'oisiveté, mais je ne découvre pas le moyen d'employer d'orgueilleux fainéants qui, pour la plupart, ont endossé la soutane précisément pour vivre dans l'abondance sans rien faire. Il faudrait peut-être exiger d'eux plusieurs fois par an des dissertations sur quelques points obscurs de la théologie (il y en a beaucoup) ; cela les obligerait à travailler à leur instruction qui n'est rien moins qu'avancée, et ne fût-ce que par amour-propre, ils soigneraient leur style et leur orthographe, hélas ! fort imparfaite. Je sais que ces compositions seraient sans valeur et sans utilité au point de vue général; mais vaille que vaille, et ne dussent-elles être bonnes qu'à servir d'enveloppes à l'épicier et au débitant de tabac, encore vaudrait-il mieux faire perdre leur temps aux jeunes prêtres de cette façon que de les laisser, livrés à eux-mêmes, s'amollir dans la paresse et consacrer à des vices honteux cette surabondance de vie qui cherche toujours à s'épancher.

Je me suis un peu écarté de mon sujet, parce

qu'à l'instant de continuer mon récit j'éprouve encore un serrement de cœur qui m'oppresse; mais je n'y trouve plus cette saveur de tendresse que la passion mêle toujours comme une sorte de compensation, même à la douleur la plus vive... Quelquefois je me repens d'avoir entrepris ces Mémoires, et cependant je sens que j'aurais des regrets si je mourais sans les avoir achevés. Ma vie n'est qu'une longue contradiction : je désire et je crains, je veux et je ne veux pas, tout cela au même instant, sous l'influence du même fait et sans que je puisse m'expliquer tant de mobilité. . . .

. . . .

Il y a trois ans que j'ai interrompu ces Mémoires. Depuis plus d'un mois je me fais une fête de les continuer. Chaque jour je me lève avec l'intention de me mettre à l'œuvre, et chaque jour je recule au moment de commencer. Aujourd'hui que j'ai enfin repris la plume, je suis encore tenté de renvoyer mon travail à demain. Il me semble que mes sensations ne sont plus aussi vives, que mes souvenirs ont perdu de leur énergie en vieillissant et que ma tête, fatiguée par les chagrins et de continuelles préoccupations, a besoin de se reposer plus longtemps...

Hélas! rien n'est plus vrai, mais je ne dormirais pas une seule heure tranquille si je renonçais à mon projet favori. Mieux vaut m'exécuter immédiatement, puisque aussi bien il faudrait toujours finir par là... Mais mon Dieu! que de choses j'ai encore à dire! que de boue je vais remuer! Me pardonnera-t-on ma sincérité? je n'en sais rien; mais quoi qu'il advienne je serai franc jusqu'au bout. . . . .

. . . .

J'avais passé une bien mauvaise nuit; je m'étais retourné mille et mille fois sans trouver une position qui permît au sommeil de m'approcher, lorsque l'Angélus sonna à la paroisse voisine. Je devais dire la première messe : je sautai à bas de mon lit. Cependant, je l'avoue, en me rendant à l'église j'obéissais bien plus au besoin de changer de place qu'au sentiment de mon devoir. C'est qu'en général, il faut bien qu'on le sache, le prêtre, dans l'exercice de ses fonctions, attache plus d'importance à l'extérieur des choses qu'à leur sens intime, et s'occupe beaucoup plus de la terre que du ciel. Je pus m'en convaincre pour la millième fois, car je n'eus pas un seul instant l'esprit à l'acte que j'accomplissais. Tout en murmurant des prières, je songeais à Marguerite, aux moyens de l'approcher et aux sensations qu'elle éprouverait en me voyant.

J'achevai ma messe comme je l'avais commencée, presque sans m'en apercevoir. Je me hâtai de quitter l'église et de me rendre, poussé par une sorte d'instinct, au couvent qu'habitait Marguerite. Je frappai, sans réfléchir à l'inopportunité de ma visite et lorsque la tourière vint m'ouvrir, saisissant le premier prétexte venu, je lui demandai s'il n'était pas possible d'entrer dans l'église y faire mes dévotions.

— Ne voudriez-vous pas, me dit-elle, célébrer la messe, vous seriez très agréable à madame la supérieure, parce que le prêtre ordinaire de la communauté est gravement malade.

Je la suivis, sans répondre, dans la sacristie, où j'endossai les habits sarcerdotaux pour me préparer à dire une seconde messe, qui ne devait pas plus captiver mon attention que la première. Je ne songeais ni à ce que j'allais faire, ni aux désagréments que je pouvais m'attirer;

j'entrevoyais le moyen d'entrer au couvent, de parler à Marguerite : cette espérance m'absorbait et c'en était assez, sinon pour justifier, au moins pour expliquer mon étourderie et ma distraction.

Ma messe finie, je demandai si la supérieure était visible. — Les dames des couvents le sont toujours pour les prêtres. Je fus donc aussitôt introduit, invité à déjeuner et comblé d'attentions. Ce n'était pas là ce que je voulais ; mais quelque désir que j'éprouvasse de parler à Marguerite, je n'osai prononcer son nom.

Cependant le temps fuyait, et je compris que ma visite se prolongeait au-delà de toutes les bornes. La supérieure s'en était peut-être aperçue avant moi ; quoi qu'il en soit, je me levai, et après avoir présenté les remercîments obligés, je me préparais à sortir, lorsque, me ravisant tout-à-coup, je demandai des nouvelles de la religieuse qui s'était trouvée mal à l'église.

— Elle est beaucoup mieux me répondit la supérieure, mais je verrais avec plaisir qu'elle consentît à s'entretenir avec vous. Vous pourriez lui donner quelques pieuses consolations dont j'ai lieu de croire qu'elle a besoin, car son mal est d'une nature toute particulière et repousse les secours ordinaires de la médecine.

Je profitai de cette ouverture et je m'offris avec tant d'ardeur que si la supérieure jugea de mon zèle religieux, sur l'empressement que je montrais, elle dut en concevoir une très haute idée.

Cependant je sentais mon cœur battre à rompre ma poitrine, je respirais à peine. Je redoutais maintenant d'avancer presqu'autant que je craignais tout-à-l'heure de perdre une aussi favorable occasion de voir mon amie. Chaque pas qui me rapprochait de sa cellule augmentait mon oppression et je m'estimai heureux d'avoir un moment de répit tandis qu'on prévenait Marguerite de ma visite.

Mon Dieu que devins-je, quand, la porte s'ouvrant enfin, je la vis pâle et presque inanimée, étendue sur un méchant grabat ? Mon émotion fut si vive que je me vis contraint de m'asseoir pour respirer : il me semblait que j'étais près d'étouffer. Il fallut m'approcher et lui parler. Je n'en avais pas la force. Mes lèvres tremblaient et les paroles s'arrêtaient dans ma gorge.

Marguerite n'avait pas deviné que c'était moi qu'elle allait voir, car à peine eut-elle jeté les yeux sur moi qu'elle poussa un profond gémissement et s'évanouit.

Ce spectacle m'arracha à ma torpeur, je me précipitai vers elle et pendant que la supérieure courait appeler d'autres sœurs pour la secourir, je me penchai sur ce visage couvert des ombres de la mort, et je déposai un baiser plein d'une amère volupté sur sa bouche décolorée. Marguerite sentit cette douloureuse caresse; elle entr'ouvrit les yeux et me repoussant doucement de la main :

— Daniel, c'est-vous? me dit-elle d'une voix presque éteinte....

— Oui, c'est moi, lui répondis-je tout bas, c'est moi qui vous aime plus que ma vie, c'est moi qui reviens avec le souvenir de nos malheureuses amours...

Et je me penchai encore sur ses lèvres où je respirais son âme... Elle ne fit plus d'effort pour m'éloigner, et sa poitrine haletante, ses soupirs entrecoupés m'apprenaient qu'elle partageait mon ivresse...

Les pas de plusieurs personnes qui accouraient me rappelèrent à la raison. Je saisis un bénitier de la main gauche et je jetai quelques gouttes d'eau sur Marguerite qui referma les yeux. Elle était agitée d'un tremblement nerveux tel, que j'entendais le bruit de ses dents qui s'entrechoquaient les unes contre les autres.

La supérieure me pria de me retirer, et une sœur me reconduisit dans la salle où j'avais déjeûné. Les forces me manquèrent un moment, et je laissai involontairement couler mes larmes. La religieuse en parut touchée. Alors elle me parla longuement de Marguerite, dont elle attribuait les souffrances à des peines secrètes qu'elle n'avait jamais bien su dissimuler depuis qu'elle s'était engagée dans les Vœux. Je prenais un plaisir indicible à entendre parler de mon amie, et l'attention que je mettais à écouter la bonne religieuse lui causait tant de satisfaction, que je pus lui adresser sans crainte mille questions qui, dans toute autre circonstance, auraient paru peut-être suspectes.

Une sœur vint nous interrompre pour me

prévenir que la malade avait témoigné le désir de m'entretenir seul.

— Madame la supérieure, ajouta-t-elle, compte que vous profiterez de cette conversation pour consoler, s'il se peut, notre malheureuse sœur.

Je m'empressai de retourner à la cellule de Marguerite. La supérieure sortit, et je m'assis à quelque distance du lit, sur lequel étaient déposés un crucifix et un rosaire. Quand je n'entendis plus de bruit, je me rapprochai de Marguerite, qui semblait plongée dans l'anéantissement, et, la contemplant avec un sentiment indéfinissable d'amertume et de tendresse, je restai quelques instants immobile et muet.

Enfin mon cœur se dilata, ma respiration devint plus libre, les pensées qni tourbillonnaient dans mon cerveau s'éclaircirent; je pus parler.

— Marguerite, lui dis-je en pressant une de

ses mains sur ma bouche, tu m'es rendue et ton cœur n'a pas changé. Oh ! laisse-moi aspirer ton souffle, me pénétrer de ta vie, et sans plus songer au passé, à l'avenir, m'oublier dans le bonheur que ta présence me donne....

Elle me regardait pendant que je parlais, et ses regards peignaient mieux que les plus éloquentes paroles l'amour dont son cœur était rempli. Ses mains s'approchaient de mes lèvres, parcouraient mon visage et s'arrêtaient brûlantes sur mon front. Je me sentais mourir, et cependant j'étais heureux, oui, heureux d'un bonheur qui ne s'exprime pas, d'un bonheur qui étouffe, qui écrase et que l'on paierait au prix de tout son sang.

Nous restions silencieux, les mains entrelacées et nous contemplant avec recueillement.

— Mon ami, me dit enfin Marguerite, j'ai une confidence à vous faire ; voulez-vous m'écouter ?...

Je ne répondis pas, mais je me baissai. Elle ne fit aucun mouvement, et nos lèvres se pressèrent convulsivement. Ce baiser n'était pas seulement de l'amour : les larmes de Marguerite m'apprirent avant que ma conscience m'en eût averti, qu'il s'y mêlait aussi le remords. Hélas ! pouvais-je en avoir ?

Je me relevai et je sentis le désespoir descendre dans mon âme. Des torrents de feu circulaient dans mes veines, et tout-à-coup un froid glacial me faisait frissonner. Je regardais et mes yeux ne voyaient point. Ah ! comment dire à quel point je me trouvais tout à la fois heureux et malheureux ? comment retracer les mouvements d'une âme combattue par la passion et le devoir ?

Marguerite, si pâle tout à l'heure, était couverte de rougeur ; ses yeux brillaient humides, ses lèvres paraissaient sèches et brûlantes et son émotion, portée à son comble, lui ôtait jusqu'à la force de parler.

Je rompis le silence.

— Marguerite, lui dis-je, pourrai-je vous revoir? Je ne puis plus vivre sans vous; la seule pensée d'une séparation m'épouvante.

Elle me serra la main et la portant ensuite à ses lèvres, elle frémit et voila son regard. J'attendais en tremblant; toute la vie s'était concentrée au cœur, et dans l'excès du bonheur, j'éprouvais une sensation douloureuse.

Il y eut encore un moment de silence; Marguerite reprit la parole.

— Je sens, me dit-elle, que je ne pourrais résister une seconde fois à de pareilles émotions; parlez-moi et calmez mon âme : qu'avons-nous à faire et que pouvons-nous espérer?

— Hélas! je ne sais que vous répondre; ma raison est bouleversée, mes idées m'échappent. Ne parlons pas de l'avenir quand le présent suffit pour nous absorber; songeons que peut-être nous ne devons pas nous revoir.

— Cependant, me répondit Marguerite, il faut que nous fassions un effort sur nous-mêmes: l'heure nous échappe et nous presse, et nous ne devons pas nous laisser surprendre. Que nous réserve l'avenir ? que pouvons-nous faire ?

Nous restâmes encore silencieux, incapables l'un et l'autre de nous arrêter à un projet, quel qu'il fût. Cependant le temps fuyait, et la longueur de notre entrevue me faisait comprendre qu'elle ne pouvait durer plus longtemps. En effet, nous entendîmes une religieuse qui venait à la cellule.

— Je vous donnerai de mes nouvelles, me dit Marguerite au moment où la porte s'ouvrait. Adieu; ne vous hasardez plus à venir ici : vous nous perdriez tous les deux.

Presque au même instant entrait une religieuse. Je me retirai sans même penser à revoir la supérieure.

VI

Je ne retournai chez moi que pour éprouver de nouvelles secousses ; mais elles allaient me faire sentir quelle distance sépare un premier amour d'une intrigue mystérieuse qui intéresse bien plus la curiosité que le cœur.

Je trouvai, en rentrant, une lettre très courte. Elle avait été écrite d'une main tremblante, et je pus remarquer sur le papier plus d'une trace de larmes.

« Après le parti bien arrêté que j'ai pris, me « disait-on, il serait inutile de vous entretenir « encore de moi, si je ne voulais me procurer « l'amère jouissance de vous écrire une der- « nière fois. J'ai tant accordé jusqu'à présent à « mon cœur, que je ne pourrais lui refuser « cette satisfaction au moment suprême où il « va s'imposer le plus grand sacrifice qu'il me « fût permis de concevoir.

« Je vous ai suivi, je vous ai fait épier, je « me suis rendu compte de vos démarches, des « préoccupations qui vous dominent depuis « quelques jours : je crois connaître la vérité. « Cela me suffit. Une femme trouve souvent « dans son orgueil la force que la raison n'a « pas su lui fournir. Voilà tout ce que je veux « vous dire. Que vous importe d'ailleurs ce que « je pense et ce que je ferai?...

« Puissiez-vous être plus heureux tous les « deux que je ne l'ai été!... J'en doute cepen-

« dant; deux barrières invincibles s'élèvent « entre vous, et je tremble de vous voir vous « aventurer dans une entreprise, — je devrais « me servir d'un autre mot, — mille fois plus « dangereuse que vous ne paraissez le sup- « poser.

« Je me reproche de vous donner ces con- « seils; il n'existe plus rien de vous à moi.... « Que n'en est-il de même de moi vis-à-vis de « vous?...

« Adieu. Je suis plus calme que vous ne le « pensez, puisqu'aujourd'hui je puis pleurer. »

Cette lecture m'affligea, je l'avoue; mais la pensée de Marguerite vint bientôt effacer l'impression pénible que m'avait causée la lettre de l'inconnue.

C'est que cette pensée réveillait dans mon souvenir les premières et les plus douces émotions de ma vie. D'ailleurs, tant de souffrances, tant de combats, de traverses et de désespoir se rattachaient à l'idée de Marguerite, que j'avais peine à me rendre compte du hasard inespéré qui me la rendait si heureusement. Mais aussitôt les réflexions les plus accablantes venaient empoisonner ma joie, et, mis en face de la réalité, je sentais avec une douleur inexprimable retomber sur mon cœur le poids de ma chaîne un moment oubliée.

En vérité, l'homme ne devrait jamais parler de sa raison et s'en enorgueillir, puisque, impuissante presque toujours à le faire changer de route, elle devient un supplice inutile en lui montrant les dangers auxquels il s'expose sans lui donner le moyen de s'en garantir.

Plusieurs jours s'écoulèrent dans l'inaction. A quoi bon en parler, et pourquoi retracer des sensations que l'on ne comprend que lorsqu'on aime, et qui s'effacent de la mémoire quand on cesse d'être sous l'empire de la passion?

Mon rôle de missionnaire allait finir à Rennes,

où du reste je n'étais plus en état de prêcher, et j'allais probablement être envoyé ailleurs. J'aurais dû m'y attendre, et cependant je n'y avais pas songé un seul instant. Quand une idée me domine, elle m'absorbe à ce point que je deviens indifférent et pour ainsi dire étranger à tout le reste. Aussi lorsque je reçus avis de mon changement de destination, j'en fus atterré comme si j'eusse dû me considérer comme fixé pour toujours à Rennes. Je ne pouvais me persuader que j'allais partir ; enfin, il fallut bien y croire lorsque mon confrère en prédication vint m'annoncer que nous quitterions la ville le mercredi suivant. Nous étions au lundi ; il ne me restait donc qu'un seul jour pour tenter d'obtenir une nouvelle entrevue avec Marguerite. Mais à quel moyen avoir recours?

Il me vint à l'esprit que je devais une visite à la supérieure du couvent, et je me disposai à la rendre le jour même. Après avoir mis ordre à ma toilette, que je n'ai jamais beaucoup soignée, je dois le dire, je me rendis plein d'espoir et d'anxiété chez les Sœurs de ....

— Madame la supérieure serait infiniment flattée de vous recevoir, me répondit la tourière : mais pour le moment la chose est impossible. Elle est retenue par une jeune personne qui veut entrer en noviciat et qui doit ce soir même faire partie de la communauté. Notre mère aura à veiller à mille préparatifs qui emploieront le reste de la journée. Elle vous prie donc de vouloir bien l'honorer de votre visite demain seulement.

Je demandai alors des nouvelles de la religieuse malade.

— Elle va beaucoup mieux, Dieu merci.

— J'en suis ravi, répliquai-je ; pourrais-je la voir ?

— Je vais consulter notre mère, me répondit la sœur, et elle sortit.

En adressant ma demande à la tourière, j'avais senti le sang me monter au visage; ma voix était altérée. Je restai seul; et, pendant que la religieuse était absente, le moindre bruit me faisait tressaillir. Oh! que les moments d'attente paraissent longs, et que pourtant on craint de les voir finir, quand on redoute un refus. Je n'en reçus pas. Cependant on mettait une condition à ma visite : c'est qu'elle serait très courte, parce que la supérieure occupée à faire meubler une cellule, avait chargé la convalescente de la remplacer près de la nouvelle venue, qui semblait la connaître.

Je me rendis près de Marguerite. Elle m'attendait. Son visage était moins pâle que lorsque je l'avais vue quelques jours auparavant, et je m'aperçus, avec une satisfaction que je ne puis rendre, que mon arrivée semblait l'affecter agréablement.

Je m'assis à côté de son prie-Dieu; elle se

plaça de l'autre côté, nous étions séparés par une croix, emblême à la fois consolant et terrible.

Hélas! que l'on se tromperait si l'on s'imaginait que cette vue éveilla nos remords et vint nous rappeler que nous étions l'un et l'autre liés par des vœux indissolubles et sacrés. Il nous arriva ce qui arrive à tous ceux que la passion maîtrise ; nous nous laissâmes aller au bonheur de nous trouver ensemble, et, lorsque la réflexion reprit quelque empire, nous songeâmes seulement à déplorer la nécessité cruelle qui nous forçait à nous séparer. Marguerite consentit, non sans répugnance, à recevoir mes lettres, et nous convînmes de la manière dont je les lui ferais parvenir. Lorsque je me retirai, j'étais plus abattu et plus désolé qu'auparavant.

En rentrant, on me remit un gros paquet soigneusement cacheté. C'était ma correspondance avec cette inconnue qui, pendant si longtemps avait presque rempli le vide que Marguerite avait laissé dans mon cœur. Toutes mes lettres se trouvaient dans le paquet, classées par ordre de date, et assez froissées pour laisser penser qu'elles avaient été lues plus d'une fois.

Je ne nierai pas que cet envoi inattendu me causa quelque peine : mon amour-propre souffrait de voir qu'on avait irrévocablement pris le parti de m'oublier. Cependant, je me sentais heureux d'appartenir désormais tout entier à Marguerite, et j'éprouvais une sorte de soulagement en songeant qu'il ne restait plus de preuves écrites d'une de mes erreurs. Je dormis peu et mal : trop de regrets et de soucis reposaient sur mon oreiller.

Lorsque je jette aujourd'hui mes regards sur le passé, j'ai peine à comprendre comment, placé que j'étais dans une position fausse, avec une imagination ardente, un cœur trop prompt dans ses entraînements à oublier les obligations jurées, j'ai pu arriver jusqu'à l'âge mûr sans catastrophe, et en conservant la réputation d'un prêtre régulier et attaché à l'accomplissement de ses devoirs.

Oh ! si on soulevait le rideau qui couvre les mystères de la conscience, que de bonnes réputations s'évanouiraient, mon Dieu ! comme la mienne, et plus complètement encore peut-être !

Mes préparatifs de départ ne furent pas longs. Je l'ai déjà dit, je m'occupe peu de moi. La Providence a si souvent suppléé à mon insouciance que je m'abandonne presque toujours à elle, dans les petites comme dans les grandes choses de la vie.

Notre nouvelle mission était d'une nature différente de celles dont j'avais fait partie jusque-là. Il s'agissait de déterminer les électeurs influents d'une petite ville voisine à nommer pour leur député un homme qui paraissait convenir beaucoup au clergé et fort peu au pays. Il est inutile de faire observer ici que nos intérêts ne sont pas en toute occasion précisément les mêmes que ceux du peuple, et que, lorsque nous le pouvons, nous n'hésitons pas à sacrifier ce dernier à notre profit. Voilà ce que j'allais faire.

La mission eût été fort agréable pour beaucoup de mes confrères doués d'un estomac plus énergique que le cœur, car nous allions de dîner en dîner : un tout petit sermon nous valait une foule d'invitations.

Je sentais que nous tenions encore le haut bout ; mais j'aurais mieux aimé rester simple vicaire à Rennes dans le voisinage de Marguerite, que d'aller recueillir les hommages et les courbettes de gens qui ne nous encensaient que parce qu'ils nous voyaient tout-puissants. De combien de ridicules et de bassesses j'ai été le témoin ; mais que m'importait alors : j'avais l'esprit ailleurs.

Je me rends cette justice, au surplus, que je n'ai jamais employé mon influence au confessionnal pour diriger mes pénitents en vue du but qui nous était indiqué : je ne travaillais à l'œuvre que devant mes confrères, et ils durent me trouver bien tiède s'ils mesuraient la froide lenteur de mon zèle à l'active exaltation qu'ils déployaient. Souvent, à l'issue de nos conférences du soir, je me demandais ce qui avait été arrêté pour le lendemain, et je m'apercevais que je n'avais assisté que de corps au conseil.

Aux électeurs un peu rétifs, nous promettions des places, des bourses dans les collèges et ce qui paraîtra singulier, c'est que lorsque nous avions promis une perception, par exemple, il se trouvait tout à point qu'un percepteur avait malversé ; il était chassé, flétri ; le protégé de la congrégation allait occuper son emploi, votait, faisait voter pour nos élus, et la chambre comptait bientôt « un véritable mandataire du pays » de plus.

Je me trouvais quelquefois ridicule en me voyant affublé d'une soutane, moi, qui, à l'exemple de mes confrères, consacrais les trois quarts de mon temps aux affaires politiques, et laissais comme eux à mon habit et à mon extérieur le soin de parler religion. Si j'eusse été appelé à donner ma voix dans une assemblée où il se fût agi de décider si la société pouvait se passer du clergé, je n'aurais pas balancé, la main sur la conscience, à me prononcer pour l'affirmative. N'était-il pas inutile, nuisible même, ce corps sans cesse préoccupé du soin d'empêcher la propagation des lumières et de démoraliser les esprits au-delà de tout ce qu'on pourrait imaginer ?

Je sais bien que mes charitables confrères

vont crier haro sur moi. C'est ainsi qu'ils réfutent d'ordinaire les attaques; mais cette crainte ne m'empêchera pas de dire ce que je pense, surtout lorsque j'ai la conviction intime que je ne dis que la vérité.

Ne pourrais-je pas demander à la plupart des nôtres quel bien ils ont fait à la société; ne pourrais-je pas leur rappeler qu'eux-mêmes avouaient que la confession ne corrigeait pas les pécheurs; ne se souviennent-ils pas qu'ils reconnaissaient que leurs sermons, en donnant plus ou moins de satisfaction à leur amour-propre, ne produisaient d'ailleurs aucun fruit utile pour leurs auditeurs?

Pour épuiser ce sujet avant de revenir à ce qui me concerne particulièrement, je dois ajouter que notre mission répugnait à ma conscience, car nous jouions trop souvent le rôle d'espions, de dénonciateurs et d'embaucheurs. A cette époque, nous avons réduit à l'indigence plus d'une famille dont le seul crime était d'occuper un emploi qui convenait à l'un des nôtres, ou bien encore de ne pas penser comme nous.

Il est pénible de faire de tels aveux quand on prononce ainsi sa propre condamnation; mais peut-être le lecteur trouvera-t-il dans ma position des motifs suffisants d'indulgence, si tant est qu'on puisse excuser celui qui s'est rendu sciemment coupable d'un fait dont il connaissait la gravité. Entièrement absorbé par mes folles affections, le reste m'était tout à fait indifférent, et j'agissais dans la vie comme une machine qui reçoit l'impulsion d'une main étrangère. C'est un grand malheur que d'être doué d'une pareille organisation, on ne peut le nier, car l'homme que la nature a fait tel est exposé à se trouver entraîné par les circonstances à commettre des actions qu'il condamne instinctivement.

J'ai souvent agi contre ma conscience, je

l'avoue ; mais les exemples que j'avais sous les yeux auraient dû me rendre plus criminel encore que je ne l'ai été. Par bonheur, une âme ouverte aux affections vives n'annonce et ne comporte pas une méchanceté réfléchie et soutenue. J'ai donc, sous bien des rapports, valu mieux qu'un grand nombre de mes confrères ; mais je ne dois pas m'en glorifier : mes inclinations naturelles en ont tout le mérite. En revanche, j'ai eu à supporter, de la part des prêtres mes collègues, bien des peines, des tracasseries, des déboires ; mais je n'en étais que légèrement affecté, et, pour ainsi dire, en passant.

Nous nous étions devinés : ils ne m'aimaient pas, et moi je ne respirais à l'aise que lorsque j'étais séparé d'eux. Leurs entretiens me fatiguaient jusqu'au dégoût. L'habit ecclésiastique n'avait opéré en moi qu'une demi conversion ; j'étais toujours l'enfant du village, gâté, il est vrai, par la funeste éducation du séminaire, mais bon naturellement, mais aimant et capable des plus grandes passions. C'était cacher sous la soutane trop de feux, trop peu de dévoûment et une indifférence religieuse trop complète pour devenir jamais un prêtre selon les vues du clergé.

Ma sincérité me vaudra de graves reproches : on m'accusera de ne montrer le prêtre que tel que je l'ai vu, tel qu'il est, et non pas tel qu'on l'offre à la vénération des pauvres d'esprit. En cela j'ai peut-être tort ; mais qu'on ne m'accuse pas, du moins, de haine envers mes confrères. Je n'ai pas l'âme vindicative ; ceux qui m'ont suivi jusqu'à présent me rendront cette justice. Certains d'entre les prêtres m'ont fait beaucoup de mal ; de tous je n'ai jamais haï qu'un seul homme, Leognan. Il m'a fait le premier connaître l'injustice et l'oppression, et j'en garderai un souvenir éternel. Cependant je ne voudrais pour rien au monde, quelque juste que soit mon ressentiment, le peindre sous des couleurs plus sombres que celles dont se servirait le pinceau le plus véridique. J'écris ces Mémoires pour revivre dans ma jeunesse, pour charmer mes loisirs, et non pour jeter aux gémonies des noms qui sont peut-être déjà oubliés.

Dans la petite retraite que je me suis choisie pour échapper à quelques ennemis, je veux oublier les hommes, ne plus me lier au monde et me concentrer dans le souvenir du passé. J'écris donc sans gêne, comme cela me vient, tâchant d'être clair et exact. Il est une multitude de faits qui ne m'apparaissent que confusément; mais pour tous ceux qui touchent à la vie intime, aux orages des passions, ma mémoire trop fidèle me les rappelle dans leurs circonstances les plus minutieuses, et mes sensations se réveillent si vivantes, que j'écris encore, pour ainsi dire, sous l'influence du moment! . . . .

M. de Villèle avait usé la corruption. Les esprits fermentaient; nos conseils trouvaient des oreilles rebelles, et nous commencions à manquer de places, de gratifications et d'honneurs pour satisfaire les exigences ou apaiser les oppositions. Une crise semblait prochaine; elle fut, je crois, prévenue ou du moins ajournée par le ministère de M. de Martignac.

Je ne jugerai pas sa conduite, je n'essaierai pas de justifier ses antécédents; je constaterai seulement qu'à son début comme ministre, il excita bien des espérances parmi ceux qui ne demandaient pas mieux que de se rattacher à la monarchie. Mais il rencontra sur sa route les prétentions exclusives du clergé, de ce clergé qui veut toujours des concessions et qui n'en fait jamais, de ce clergé qui se tient comme les anneaux d'une forte chaîne et qui a lié tous ses membres par une solidarité d'intérêts telle que tous se trouvent lésés par le coup qui n'a frappé qu'un seul.

Placé entre un roi livré à une dévotion tardive, une camarilla dirigée par des évêques vaniteux et inintelligents, et une nation qui le blâmait de ne pas lui accorder les améliorations dont elle sentait justement le besoin, M. de Martignac devait mécontenter tout le monde et succomber. C'est ce qui arriva ; et peut-être les amis sincères de la branche aînée ne furent-ils pas les derniers à le regretter lorsqu'ils le virent remplacé par les casse-cou de la vieille aristocratie, par tout ce que la cour comptait, en un mot, de plus rétrograde et de plus dévoué.

J'étais alors à *** L'avènement du ministère Polignac releva les espérances de mes confrères. Les *Te Deum* se succédèrent, et chacun entrevoyait déjà l'aurore de ce beau jour où la suprématie du clergé, solidement établie, s'étendrait enfin sans conteste sur la France. Jamais faction ne s'est précipitée plus aveuglement vers sa perte ; jamais combattants n'ont plus compté sur le succès, et jamais aussi projets plus anti-sociaux, plus stupides ne sortirent de cerveaux humains. Je ne sais même si l'histoire retracera fidèlement les intrigues du clergé à cette époque, et ses haines et ses vengeances quand il crut au triomphe. La représentation nationale gênait. On temporisa d'abord ; puis, quand on crut avoir pris ses mesures, on agit, et les ordonnances de juillet parurent. Quel en fut le résultat ? Je n'ai pas besoin de le dire.

Mais j'anticipe de plusieurs années, et, revenant sur mes pas, je dois reprendre mon récit où je l'ai laissé.

VII

J'avais écrit à Marguerite sans recevoir de réponse. Dans mon inquiétude, je lui adressai une seconde lettre plus pressante, plus suppliante que la première. Huit jours se passèrent, et je n'entendis parler de rien. Mon anxiété était à son comble : j'écrivis pour la troisième fois. Voici ma lettre :

« Lorsque je vous quittai, vous me permîtes
« de vous écrire, Marguerite, et vous me pro-

« mîtes de me répondre. Vous ne m'avez ja-
« mais trompé ; aussi, je ne sais que penser. Si
« vous avez reçu mes lettres, comment se fait-il
« que, dès la seconde, vous ne m'ayez pas
« donné, en quelques mots, les raisons de votre
« silence ? Non, j'en suis sûr, ma correspon-
« dance a été interceptée : mon cœur me le dit
« et je le crois.

« Si ce billet reste sans réponse, je pars et
« je vais savoir moi-même pourquoi vous vous
« taisez. Je ne sais à quelle pensée m'arrêter,
« et tout m'est un sujet d'alarmes. Seriez-vous
« retombée malade ? de nouveaux malheurs
« nous menaceraient-ils ? Je ne puis supporter
« plus longtemps cet état de doute ; la plus
« affreuse certitude me serait, je crois, moins
« pénible. Je compte sur une réponse au com-
« mencement de la semaine prochaine : sinon,
« je pars. »

Cette lettre ne fut pas plus heureuse que les

précédentes. Dévoré d'impatience, je pris le parti d'aller à Rennes. Je n'essayai même pas de donner un prétexte plausible à ce départ inattendu. Je quittai la mission sans prévenir personne, et je laissai mes confrères extrêmement surpris de mon absence.

Il m'était plus facile de me rendre à Rennes que d'atteindre le but que je me proposais. A vrai dire j'avais la tête perdue, et mon imagination stérile ne me fournissait aucun moyen d'arriver jusqu'à Marguerite. Je restai caché pendant la première journée de mon retour, et ce ne fut que le soir que je me hasardai à sortir. On devinera facilement de quel côté se dirigèrent mes pas ; mais ce qu'on aura peine à comprendre, c'est que je restai plus de deux heures de nuit en contemplation devant les murs du couvent. Je ne saurais exprimer ce que j'éprouvais ; il me semblait à chaque instant voir apparaître Marguerite, et j'attendais toujours, comme si les visions dont j'avais la tête remplie allaient prendre un corps et devenir une réalité.

Il est évident pour moi aujourd'hui que j'avais le transport au cerveau, et que j'étais bien près de devenir fou. Un étrange incident sauva ma raison menacée.

Un jeune homme avait passé et repassé plusieurs fois près de moi, sans que je fisse attention à lui, quoi qu'il me regardât pour ainsi dire sous le nez. Peut-être trouvait-il ma présence gênante ou extraordinaire en un tel lieu à cette heure avancée ; toujours est-il qu'il m'apostropha tout-à-coup assez grossièrement. Je ne répondis rien d'abord ; mais il revint à la charge. Alors, irrité, non pas de ce qu'il m'injuriait, mais parce qu'il me troublait au milieu de mes rêveries, je lui assénai, pour toute réponse, un coup de mon bréviaire sur le visage. Il chancela, et, tout surpris, recula de deux ou trois pas. Il tenait à la main une grosse canne, et je le vis faire un mouvement pour me frapper. Sans lui en laisser le temps, je m'élançai sur lui comme un furieux, et, d'un vigoureux coup de poing, je l'étendis sur le pavé. Entraîné par une rage aveugle, j'allais continuer de le maltraiter, lorsqu'il se mit à pousser des cris si violents, que je m'enfuis au plus vite, avec la crainte de l'avoir blessé grièvement.

Le lendemain, il n'était bruit dans la ville que de cette petite histoire. Le peuple de Rennes est dévôt, et jamais, à son avis, un prêtre ne peut avoir tort; aussi se rencontra-t-il bon nombre de gens pour affirmer qu'un ecclésiastique attaqué par un vaurien, et réduit à défendre sa vie, avait renversé son agresseur à terre; le vaincu, ajoutait-on, s'était blessé en tombant, et c'était bien fait, par ma foi.

La version s'accrédita, et l'on fit honneur de l'aventure à l'un de mes confrères que ses antécédents en ce genre désignaient tout naturellement à l'attention publique. Je me gardai bien de réclamer, me trouvant fort heureux de rester inconnu. Cependant cela me fit réfléchir, et je renonçai au rôle de rôdeur nocturne. Dans l'état d'exaltation où je me trouvais alors, ce n'était pas une mince victoire que ma raison venait de remporter.

J'habitais Rennes sans autorisation ; je n'osais, par conséquent, me montrer publiquement. Enfin, après avoir bien cherché, je ne trouvai rien de mieux que d'écrire à Marguerite et de charger l'une de mes anciennes pénitentes de mon message. Elle s'acquitta à merveille de la commission et m'apporta une réponse; mais ce n'était pas celle que j'espérais.

Marguerite me parlait raison comme l'eût fait le cœur le plus froid, et m'engageait à ne plus troubler une vie que j'avais déjà rendue si malheureuse.

Je reconnus son écriture, mais ce n'était ni son style ni son cœur. Quelle était la cause de ce changement? Devais-je en accuser la mobilité féminine, ou une recrudescence passagère de ferveur religieuse? je n'en savais rien, mais je ne pouvais pas croire que cette froideur pût être de longue durée. Je chargeai ma pénitente d'une nouvelle épître écrite durant la nuit au milieu des larmes, des murmures et de toutes les agitations d'une passion désordonnée. Je suis presque tenté de regretter d'avoir perdu la copie de cette lettre : ce devait être un chef-d'œuvre en son genre.

Marguerite ne répondit point; seulement, trois jours après, au moment où j'étais étendu dans mon lit, en proie à une espèce de fièvre cérébrale, ma messagère me remit un billet tracé au crayon, de la part de Marguerite. Elle me priait de venir au parloir à la nuit tombante, — je cite textuellement le billet; — elle me recommandait d'être vêtu en laïc ; de prendre le nom de B. M., oncle de l'une de ses amies du couvent, et de faire demander cette amie, avec laquelle elle viendrait me parler.

Incapable de sortir, je répondis par la même voie que je ne pourrais me rendre à l'invitation que dans deux ou trois jours, et que je ne manquerais pas de suivre les instructions qui m'étaient données.

L'espérance de voir Marguerite me fit du bien. Le calme de l'esprit réagit sur le corps, et le surlendemain je me sentis la force de me rendre au couvent à l'heure convenue. Je me déguisai aisément : mon visage était d'une effrayante maigreur, et ceux qui m'avaient vu quinze jours auparavant auraient eu peine à me reconnaître sous mon nouvel accoutrement.

Le parloir était sombre, et le jour avait déjà tellement baissé, que l'on ne pouvait distinguer qu'avec peine les personnes placées de l'autre côté de la grille. Cependant il me sembla que la femme qui s'y trouvait seule au moment où j'entrai était plus grande et plus mince que Marguerite.

Je n'osais parler; ma compagne partageait mon embarras, car j'entendais une respiration haletante. Chose étrange et que je n'avais jamais ressentie près de Marguerite, j'éprouvais un horrible malaise et mon cœur oppressé s'éloignait d'elle comme s'il eût redouté son approche.

Elle vint à la grille, passa sa main à travers les barreaux, et me prenant doucement par le bras, elle m'attira vers elle; son toucher me fit frissonner, et l'étreinte de cette main, que naguère j'aurais couverte de baisers, me causait une angoisse inexprimable.

Enfin une voix qui n'était pas celle de Marguerite, mais que je connaissais bien, retentit à mon oreille et vint m'expliquer mes pressentiments.

C'était ma mystérieuse inconnue qui m'avait tendu la main ; cette voix que j'avais entendue autrefois avec tant d'émotion et qui me glaçait maintenant, c'était la sienne. Je compris aussitôt tout ce que ma position présentait d'embarras et de dangers, et je n'eus pas le courage d'articuler une syllabe.

— Vous vous êtes trompé, Monsieur, me dit l'inconnue d'un ton très bas ; vous espériez trouver une autre femme. Puisque nous sommes trois victimes à souffrir, il faut que l'une se dévoue pour le repos des deux autres... J'y consentirais volontiers, continua-t-elle en élevant un peu la voix, mais ce serait un sacrifice inutile : vous ne reverrez jamais Marguerite !

— Jamais ! m'écriai-je en dégageant mon bras, qu'elle serrait faiblement ; vous oubliez que...

—Je n'oublie rien, me répondit-elle, et c'est vous, Monsieur, qui oubliez qui vous êtes, qui elle est, pour vous abandonner à une passion qui vous conduira à votre perte et au déshonneur...

Et comme je me disposais à l'interrompre :

— Vous m'écouterez jusqu'au bout, s'empressa-t-elle d'ajouter, et il vous importe de m'entendre. Lorsque je me vis délaissée pour une rivale, je résolus de me venger et j'entrai dans cette communauté; mais la douceur de Marguerite me désarma et, si une femme pouvait pardonner à celle qu'on lui préfère, je vous pardonnerais à tous les deux. Marguerite a gagné de jour en jour mon affection, et le récit de ses souffrances, de ses malheurs, a achevé de me la rendre chère. Ma vengeance s'est éteinte ; alors, revenue à moi, j'ai pris la résolution de vous sauver elle et vous, car pour moi je n'ai à craindre que mes souvenirs. Je resterai dans cette maison; je serai la compagne assidue de Marguerite; je la préserverai de son propre entraînement; je la mettrai à l'abri de vos pièges en attendant votre retour à la religion et au devoir.

Je restai pétrifié et plus honteux que je ne pourrais dire. Cette femme exerçait sur moi un empire irrésistible et ma faiblesse, jointe à la surprise que je venais d'éprouver, me laissèrent dans un tel état d'anéantissement, que je ne me sentais pas la force de lever les yeux. Enfin, après un long silence, je me décidai à parler.

— Je n'ai oublié Marguerite que parce que je croyais qu'elle avait cessé de vivre; vous êtes venue à moi lorsque mon cœur souhaitait une nouvelle affetion. Je vous ai sincèrement aimée, je vous le jure; mais, en retrouvant Marguerite, j'ai...

— N'en parlons plus, me dit-elle brusquement : quel parti prenez-vous ?

— Si jamais j'eus besoin de réfléchir avant de répondre, répliquai-je, c'est en ce moment. Souffrez donc que je me retire.

Elle demeura muette, les bras pendants. Je lui fis une profonde inclination, et je me disposai à m'éloigner ; mais à l'instant où je franchissais le seuil de la porte, j'entendis un gémissement douloureux et le bruit d'un corps qui tombait sur le parquet. Je m'élançai vers le cordon de la sonnette, et montrant à la tourière la grille du parloir, je lui criai en me précipitant dehors :

— Elle est là, évanouie ; courez-y !

Je ne m'arrêtai que chez moi, où j'arrivai à demi mort de fatigue et d'épuisement.

J'ai déjà eu occasion de le faire remarquer, les passions et les douleurs des gens du monde, quelque excessives qu'elles puissent être, n'approchent jamais de celles qu'éprouve le prêtre, dans la position exceptionnelle qu'on lui a faite. Ainsi je souffrais au-delà de toute expression, et quoique naturellement expansif, je devais dévorer mes angoisses, les cacher à tous les yeux, et garder l'extérieur d'un homme sinon à l'abri des passions, du moins toujours assez fort pour les comprimer.

Lorsque je vins à sonder la profondeur de ma blessure, je me sentis défaillir. Toute relation entre Marguerite et moi était désormais brisée. Entre elle et mon amour allait s'élever une femme que j'avais passagèrement aimée et qui mettrait tous ses soins à la faire repentir de son affection et peut-être à lui inspirer du mépris pour moi. A cette idée, je n'étais plus maître de ma raison : dans les tortures de mon désespoir, je me frappais la poitrine avec rage et je maudissais l'existence.

Les hommes ne sont pas justes envers le

prêtre. Jetés par le hasard dans la voie naturelle ouverte à tous les êtres pensants, ils ne comprennent pas, ils ne sauraient comprendre de quel poids son ostracisme pèse quelquefois sur le prêtre et de quelles souffrances il est trop souvent la source.

Une nuit, nuit féconde en tourments, se passa à m'abandonner tour à tour au morne désespoir et à la plus aveugle fureur. Lorsque le jour parut, je tombai de fatigue sur mon lit et je m'assoupis tout en conservant la faculté de percevoir les bruits qui s'élevaient autour de moi. J'étais encore couché lorsque la vieille femme chargée de mon ménage entra chez moi. Elle tenait une lettre à la main ; elle la déposa sans rien dire sur ma table et se retira pensant que j'étais endormi. J'eus l'envie de me lever pour aller prendre cette lettre ; mais j'étais si complètement épuisé, que je n'en trouvai pas la force. Je finis par m'endormir tout-à-fait, et les rêves les plus étranges vinrent m'assaillir. Enfin, vers le milieu du jour, je me sentis un peu reposé et j'ouvris le billet remis le matin sur ma table. Il n'était certes pas de nature à fortifier mon courage et à me rendre le calme dont j'avais tant besoin. Le voici :

« Monsieur l'abbé,

« Je sais tout ! Je n'ai pas besoin de vous en « dire davantage pour que vous ne trouviez « pas étrange qu'à l'avenir l'entrée de la sainte « maison que je conduis vous soit fermée sous « quelque prétexte et sous quelque costume « que vous vous y présentiez.

« Je vous salue avec le respect dû au carac- « tère dont vous êtes revêtu.

« La supérieure des.... »

Ce dernier coup manquait à mon malheur, et, le dirais-je ? j'éprouvai une joie amère en songeant qu'il était à son comble ; mais bientôt la lettre s'échappa de mes mains ; je la regardai dans une sorte d'hébêtement, et je perdis la conscience de mon existence. La douleur me rappela trop vite que je vivais.

Une idée horrible, idée de crime, me traversa l'esprit. Je songeai au suicide. Il m'apparut comme un port de refuge au milieu de la tempête. Je résolus de mourir.

La tête appuyée sur mes mains, je me complaisais à me représenter le chagrin de Marguerite, en apprenant ma mort.

— Elle devinera, me disais-je, que c'est pour elle que je meurs ; elle saura que je n'ai jamais aimé qu'elle, et que la vie m'est devenue insupportable, lorsque j'ai dû renoncer à la voir.

De temps en temps aussi, j'aimais à me figurer que mon inconnue, cause fatale de toutes mes infortunes, se repentirait d'avoir achevé ma ruine et pleurerait ma mort. Etrange bizarrerie du cœur humain : je croyais avoir les meilleures raisons de haïr cette femme ; je la détestais, en effet, de toutes les forces de mon âme, et cependant je tenais encore malgré moi à son souvenir.

La pensée d'aller me tuer sous les murs du couvent me sourit un instant ; mais le scandale qui devait en résulter et les nouvelles douleurs qu'il pouvait apporter à Marguerite me détournèrent bientôt de ce projet. Je résolus de mourir chez moi dans la solitude.

— Qu'ai-je à faire dans le monde ? pensais-je. Je n'y ai pas un parent, pas un ami. Si, jeune encore, je suis déjà en proie au plus affreux abandon, que sera-ce aux approches de la vieillesse, à cet âge qui réclame tant de soins et d'affections ? J'abrège la route douloureuse en mourant aujourd'hui, et je m'épargne de longues journées de fatigues : voilà tout...

Ma résolution s'enracina peu à peu dans mon esprit, et je m'occupai de la mettre à exécution.

Les armes à feu m'étaient si étrangères que je songeai tout d'abord au poison ; mais lequel prendre ? Je voulais mourir vite, sans avoir le temps de regretter la vie à laquelle je renonçais.

Le sentiment religieux parle toujours très haut dans mon âme ; cependant, il est vrai de dire qu'il fut muet alors, et que l'idée de Dieu ne se présenta pas une seule fois à moi pour m'aider à combattre le désespoir.

Tout-à-fait ignorant en chimie, je ne vis d'autre agent destructeur que l'arsenic, et je pris le parti d'employer cette substance pour en finir avec la vie.

Je mis toutes mes affaires en ordre, et je trouvai une sorte de satisfaction à régler ainsi mes derniers rapports avec le monde ; puis je voulus écrire une dernière fois à Marguerite.

« Recevez, lui disais-je, ces lignes tracées « par une main qui bientôt sera glacée par la

« mort. Vous m'êtes enlevée, je ne puis plus « vivre.

« J'eus le courage de supporter l'existence « lorsqu'un mensonge me persuada que vous « n'étiez plus. Vous vivez, je ne puis être à « vous, je préfère la mort au vide du cœur et à « une séparation dont la durée doit être éter- « nelle.

« Peut-être connaissez-vous les erreurs aux- « quelles je me suis laissé entraîner par mon « imagination. Si je vous eusse cru vivante je « ne les aurais jamais commises.

« Il ne me reste qu'un souvenir de vous, ce « sont vos cheveux que vous m'envoyâtes en « des jours plus heureux, je les emporte avec « moi dans la tombe.

« Plaignez-moi et priez Dieu pour mon « âme...... »

C'était la première fois que cette pensée de Dieu s'offrait à mon esprit ; elle me fit frissonner, et je laissai tomber ma plume. Les principes que nous enseigne la religion se dressèrent devant moi comme des fantômes menaçants ; l'enfer m'apparut entr'ouvert, et je pâlis à l'idée de l'éternité.

Le front penché sur mon papier, je sentais une sueur froide monter à mon visage, j'entendais les battements de mon cœur. Lorsque je levai la tête, mes regards rencontrèrent un crucifix placé devant moi. Je ne puis dire ce que j'éprouvai, mais un torrent de larmes jaillit de mes yeux. Par un mouvement involontaire je me jetai à genoux devant le saint emblème, je frappai la terre de mon front et je restai ainsi prosterné assez longtemps. Et lui aussi, m'écriai-je, aima, mais d'un amour grand et sublime ; il aima les hommes, souffrit et mourut pour eux.

En me retrouvant debout il me sembla que je venais de subir une transformation. Je me sentais tout autre qu'auparavant, et une nouvelle carrière s'ouvrait devant moi : j'avais à recommencer ma vie.

Sans plus réfléchir et comme si j'exécutais un projet longuement mûri et depuis longtemps arrêté, je mis mes habits dans une valise et je sortis froidement pour aller retenir une place au bureau des diligences. Je voulais retourner à la mission que j'avais si brusquement abandonnée, résolu que j'étais à tout faire pour mériter l'oubli du passé et reconquérir le calme de la conscience.

La voiture ne devait partir que le soir. Une église était proche du bureau, j'y entrai.

Retiré dans un coin obscur mon âme s'éleva vers Dieu.

Qu'il a de puissance et qu'il apporte avec lui de consolations ce sentiment qui nous ramène à la divinité, lorsque nous ne trouvons plus ni protection ni appui sur la terre. Assez fort pour achever de nous détacher des choses périssables de la vie, il nous donne la conscience de notre faiblesse en même temps qu'il nous pénètre de sa grandeur incommensurable. Il semble que notre âme, dans son élan, se dégage de ses liens terrestres pour s'absorber en Dieu et nous faire vivre en lui. Alors s'élève jusqu'au ciel, vive et sincère, la prière, encens du cœur, et d'en haut retombe sur nous une bienfaisante rosée qui nous arrache à nos défaillances et fortifie nos pas chancelants.

— Que m'importe maintenant l'anéantissement de mes affections? je jette les yeux en arrière et je crois que j'ai rêvé. J'ai passé comme la barque qui ne laisse pas de trace sur la mer, comme l'oiseau qui traverse les airs... Mon cœur a conçu deux amours, et ces deux amours n'ont eu que la durée d'un instant. Que m'ont-ils laissé? d'âpres souvenirs et un vide immense. O mon Dieu! je vous remercie, vous qui m'avez montré la vanité des affections humaines!..

Je m'abandonnais ainsi à ma pieuse exaltation, lorsque j'entendis les chants de l'office des morts. Mes yeux se tournèrent vers le prêtre : il était insouciant et calme en psalmodiant les lugubres versets du *De Profundis*. Derrière lui, j'aperçus un cercueil et des femmes en pleurs.

— La religion n'est-elle donc que l'accompagnement obligé et payé des funérailles ? me dis-je. S'il en est ainsi, laissez la douleur faire seule cortège à la mort ?...

Cette réflexion m'impressionna d'une manière pénible. Je sortis de l'église : mes idées tout à l'heure si profondément, si sincèrement religieuses avaient pris un autre cours.

Pressé par la faim, j'achetai du pain chez un boulanger et j'allai le dévorer dans le bureau de la diligence. Cependant, les voyageurs devenaient plus nombreux, l'heure du départ était arrivée. Je pris dans le coupé, déjà occupé par deux personnes, la troisième place que j'avais retenue, et nous nous éloignâmes au grand trot.

Par une sorte de fatalité, la voiture passait devant la communauté qu'habitait Marguerite. En voyant le couvent, je sentis ma douleur se réveiller, et mes yeux se mouillèrent de larmes. Par un mouvement irréfléchi, je me jetai à la portière et mes yeux restèrent attachés sur ces noires et silencieuses murailles derrière lesquelles je laissais la seule femme que j'eusse aimée : que dis-je ? celle que j'aimais de toute la force de mon âme. La voiture tourna brusquement le coin d'une rue ; je ne vis plus rien, et je retombai sans force à ma place, comme si l'on venait de m'arracher encore une fois Marguerite. En perdant de vue le couvent, il me sembla qu'il venait de s'élever une barrière insurmontable entre nous deux.

Notre séparation était à jamais consommée ;

à la douleur que je ressentis alors, je compris que je n'avais pas encore vidé jusqu'au fond le calice d'amertume : mon malheur pouvait donc être plus grand.

VIII

Je reprends mon récit au moment où, brisé de douleur, accablé par l'idée que, désormais, il ne me serait plus permis de revoir Marguerite, je m'éloignais de Rennes pour retourner à la mission, que j'avais quitté sans autorisation.

Le coupé où j'avais pris place était déjà occupé, ainsi que je crois l'avoir dit, par deux autres personnes : une dame d'environ cinquante ans et une jeune fille voilée qu'elle appelait sa fille. A peine avions-nous échangé quelques mots avant de monter en voiture. La dame, qui semblait très disposée à entrer en conversation, m'avait demandé si j'allais à F...? quelle place je devais prendre dans la diligence? Un : oui, Madame; un : je n'en sais rien, Madame, accompagnés d'une inclination de tête polie, telles avaient été mes réponses et la causerie en était restée là. Une fois installés dans le coupé, je me trouvai dans l'un des coins; la vieille dame occupait l'autre et la jeune fille se trouvait entre nous deux.

J'étais absorbé par ma douleur, et je ne faisais guère attention à mes compagnes de voyage. A peine m'étais-je aperçu de leur présence; et lorsque, perdant de vue le couvent qu'habitait Marguerite, je retombai sur mon siége, suffoqué par mes larmes, j'avais complètement oublié que je n'étais pas seul. La voix de la dame âgée me rappela le lieu où j'étais.

— Vous pleurez ! monsieur l'abbé, me dit-elle, avec un accent d'intérêt.

Je la regardai d'un air stupide et j'essuyai mes yeux.

La jeune personne souleva un coin de son voile et me jeta un regard à la dérobée.

— Peut-être êtes-vous souffrant, et le mouvement de la voiture vous incommode-t-il ? reprit la mère.

— Non , Madame.

— Vous regrettez de vous séparer d'une sœur, d'une mère peut-être ?

— Je n'ai plus de mère et je n'eus jamais de sœur.

— Un ami alors...

— Non, Madame.

La jeune personne avait tout-à-fait levé son voile.

La conversation allait tomber; mais j'avais affaire à une interlocutrice qui ne se décourageait pas aisément. Après quelques instants de silence, elle m'adressa de nouveau la parole.

— Rennes est peut-être votre ville natale?

— Non, Madame, répondis-je encore.

La jeune personne fit alors remarquer d'une voix timide que nous passions auprès du couvent des... quand j'avais paru si ému.

— Peut-être Monsieur l'abbé y laisse-t-il quelque parente chérie? ajouta-t-elle.

Je me tournai vers elle en rougissant, et mon regard la fit rougir à son tour.

Il se fit un long silence. La mère le rompit encore; mais je ne répondis plus : l'observation de sa fille m'avait causé un trouble inexprimable.

Nous gravissions une pente rapide; la voiture roulait lourdement. Devant nous le soleil descendait à l'horizon, ses pâles rayons glissaient sur des campagnes qu'attristait déjà l'approche du soir; ça et là des colonnes de fumée montaient lentement vers le ciel ou se brisaient sous le souffle du vent. Je ne sais rien de mélancolique et de triste comme les landes de Bretagne au coucher du soleil; mais à cette heure le spectacle que j'avais sous les yeux était en parfaite harmonie avec l'état de mon âme. Je pensais à Marguerite; un attendrissement involontaire s'empara de moi, et sans m'en apercevoir je me mis à sangloter.

— Mon Dieu! qu'avez-vous donc, Monsieur l'abbé? me demanda la mère.

— Sans rien dire, je me couvris le visage de mes mains pour cacher mes larmes. La dame m'offrit son flacon; je la remerciai, et comme je me penchais, ma main rencontra celle de ma jeune voisine. Il y eut quelque chose d'électrique dans ce contact, car je l'entendis soupirer, et moi je sentis bondir mon cœur. Ce fut un éclair, une réflexion rapide me traversa l'esprit, j'eus honte de moi-même et je me trouvai presque coupable. Je m'enfonçai brusquement dans l'angle de la voiture, je fermai les yeux et j'évoquai le souvenir de Marguerite.

Cependant nous restions muets; mon laconisme avait décidément vaincu la loquacité de la bonne dame. La nuit était arrivée, le silence qui l'accompagne, la marche lente de la voiture tout contribuait à réveiller en moi les pensées dont j'avais été distrait un moment. Je repassai dans mon esprit tous les évènements qui avaient marqué les jours précédents, et je trouvai dans cet examen une sorte de douloureuse satisfaction. Ma position était à peu près désespérée; je ne pouvais me sauver que par un énergique effort sur moi-même : je pris la ferme résolution de le tenter; mes sentiments religieux se ranimèrent avec tant de vivacité que je tirai de ma poche un de ces chapelets dont les missionnaires faisaient à cette époque un si grand et si lucratif débit, et je commençai à réciter mon rosaire. Peu à peu ma voix s'éleva et j'entendis la fille dire à l'oreille de sa mère :

— Je crois qu'il récite son chapelet.

Je continuai sur un ton plus bas; mais la vieille dame s'écria :

— Pourquoi vous taire, Monsieur l'abbé? cela vaut mieux que de pleurer.

La jeune fille se rapprocha de moi ; je repris la prière à haute voix, et la mère et la fille y répondirent.

Durant tout le reste de ce court voyage, nous récitâmes ainsi le rosaire en commun.

Bientôt nous arrivâmes à la petite ville de Saint-A..., mes deux compagnes descendirent et s'éloignèrent en me disant adieu.

Je n'ai jamais revu cette jeune fille qui m'avait peut-être deviné. Bien des années se sont écoulées depuis le jour où je la rencontrai, et pourtant j'ai conservé dans un coin de mon cœur un doux et charmant souvenir de cette nuit, employée à mêler mes prières aux pieux accents d'une bouche innocente et pure comme celle d'un enfant.

Enfin j'arrivai à F... sans encombre et sans autre aventure. L'état-major de la mission s'y était établi et y faisait merveille. Toutes les jeunes personnes y étaient enrégimentées avec des chefs, des surveillantes, des espions et des comptables. — Nous n'oublions jamais que l'argent est le nerf de la guerre. — La classe ouvrière avait aussi sa congrégation organisée comme celle des demoiselles : chaque fille versait à la caisse de la mission 10 centimes ou 5 centimes par semaine. De plus, toutes avaient dû se munir de rosaires bénits, de livres pieux, vendus au profit de la mission, qui joignait encore à ce trafic le commerce des images, des relations de miracles et des bagues préservatrices contre les accidents. Notre troupe nomade avait, comme toutes les autres, ses marchands ambulants, sortes d'agents commerciaux, de commissionnaires qui recevaient tant pour cent sur leurs ventes.

Je n'ai jamais vu depuis pareils tripotages; cependant, je dois le dire à la louange des chefs, au milieu de ce négoce compliqué, de ces grandes et fructueuses récoltes, pas un centime ne s'écartait de sa route : tout allait tomber dans la caisse générale. Les cadeaux arrivaient en même temps de tous les côtés : il ne nous manquait plus que la manne du désert pour être comblés de tous les dons de Dieu. Du reste, les festins auxquels nous assistions valaient bien la nourriture céleste, et certes les vins fins que nous savourions flattaient beaucoup plus notre palais que ne l'aurait pu faire l'eau qui jaillit du rocher sous la baguette de Moïse.

Quelques incrédules trouvaient, à la vérité, que des hommes qui prêchaient l'abstinence et le détachement des choses de ce monde auraient dû joindre l'exemple au précepte ; mais ils avaient bientôt à se repentir de leurs sottes remarques. S'ils étaient ouvriers, ils perdaient leurs meilleurs pratiques ; marchands, leur clientelle ; fonctionnaires, leurs emplois, et s'ils étaient indépendants par leur fortune et leur position, leur réputation, la seule chose que nous pussions atteindre, tombait sous nos coups.

Nous avions des espions dans toutes les maisons, et jamais aucun ministre de la police ne fut aussi bien servi que nous. S'il nous importait de connaître à fond un individu, à l'instant même sa vie la plus intime était percée à jour : nous savions ce qu'il faisait, ce qu'il disait heure par heure, minute par minute. La classe des domestiques nous était d'un admirable secours. D'un autre côté, les femmes confessaient leurs maris, les filles leurs mères, et cela avec d'autant plus de zèle et de conscience qu'on leur avait persuadé que ces infâmes délations étaient l'accomplissement d'un saint devoir. A cette époque je ne comprenais pas comme aujourd'hui les profondes atteintes que ces manœuvres portaient aux vertus sociales et à la morale publique.

Ils est hors de doute qu'un pareil régime démoraliserait en moins d'un demi-siècle, la plus vertueuse société, réduirait ses membres à l'état de brutes, ou l'infecterait de lâches hypocrites plus dangereux encore.

Je le répète, je n'appréciais pas la portée de mes actions, et je me prêtais à tout ce qu'on exigeait de moi avec d'autant plus d'ardeur que je voulais à tout prix oublier un passé aussi cher que douloureux. En même temps, j'étais en proie à un paroxisme de ferveur religieuse, tel qu'il étonnait mes confrères eux-mêmes et faisait l'admiration des fidèles. Je parle d'admiration, c'est vénération que je devrais dire, car le prêtre, pour la gent dévote et surtout pour les femmes, qu'on y trouve en grande majorité, n'est pas un homme mais un être sacré, presque divin. Le mensonge ne peut pas souiller ses lèvres, la concupiscence effleurer son cœur. Il est à l'abri des passions « *integer vitæ, scelerisque purus* » selon l'expression du poëte; c'est le trois fois Saint. Devine-t-on maintenant pourquoi nous avons fait, pourquoi nous faisons et ferons toujours des efforts désespérés pour nous emparer de l'instruction publique?

Oh! si le divin auteur de notre religion revenait sur la terre; s'il voyait quels fruits les hommes ont fait produire à sa sainte doctrine; l'esprit d'envahissement, de domination qui a remplacé son angélique charité, son amour pour tous les hommes, il s'armerait encore du fouet avec lequel il chassa les vendeurs du temple.....

Mon indignation, que j'essaie de contenir, n'est pas feinte, et ce n'est pas la haine qui l'inspire. Hélas! je ne peux plus que pardonner : j'ai tout oublié excepté mes erreurs. Les saints Évangiles sous les yeux, je crois agir en chrétien lorsque je signale ce qui est contraire à la pure doctrine de mon maître. Je désire, je veux le bonheur de mes frères, mais je n'ose l'espérer sans un retour aux temps primitifs, ou plutôt aux véritables principes du christianisme. . . . .

Dans la ville que nous exploitions vivait un homme riche, considérable, charitable. Durant une longue suite d'années, la haute position sociale qu'il avait occupée lui avait fourni l'occasion de rendre d'importants services. Pas une voix n'eût osé s'élever contre lui ; il exerçait l'influence que donnent la probité, une intelligence distinguée servie par une instruction profonde et une grande fortune noblement employée à faire le bien. Mais cet homme n'allait pas à la messe, et s'il ne blâmait pas directement nos pratiques, du moins les censurait-il en s'en tenant éloigné.

Il n'avait que des parents collatéraux entre lesquels deux dames d'une piété excessive. Elles songèrent à le convertir. Ce projet était, je le crois, pur de toute spéculation intéressée et conçu seulement dans le but de soustraire un malheureux aux flammes de l'enfer. Nos terribles sermons en faisaient de si effrayants tableaux que la tête des deux dévotes s'exalta, et bientôt elles se mirent de tout cœur à la besogne ; la sainte entreprise de la conversion devint leur unique pensée.

Mes prédications m'avaient donné quelque

crédit; j'étais plein d'ardeur, animé des meilleures intentions, rempli surtout d'une bonne foi parfaite ; aussi mes paroles coulaient d'abondance et mes discours sans prétention respiraient la sincérité.

Nos deux bonnes dames se persuadèrent que j'étais précisément l'homme que le Seigneur avait choisi pour signaler sa bonté infinie en opérant la conversion de l'incrédule.

Une autre raison faisait encore penser que j'étais plus propre que tout autre à remplir cette tâche : par deux fois M. R... m'avait témoigné une sorte d'affectueuse bienveillance, tandis qu'il traitait tous mes confrères avec une politesse froide et indifférente.

Il y eut entre les convertisseuses et moi de fréquents entretiens. Elles me mirent au courant de la manière de vivre de leur parent. Ses domestiques vinrent à leur tour me donner des renseignements. Bientôt tout le monde dévot s'en mêla ; on fit dire des messes ; les congréganistes entreprirent des neuvaines, et nous allâmes en procession solennelle à une chapelle où les miracles recommençaient depuis peu. L'entreprise devint le sujet des conversations de toute la ville ; il y eut des paris ouverts ; en un mot, c'était une véritable frénésie.

Mes confrères, loin de me jalouser, désiraient ardemment que j'obtinsse un succès. Quel triomphe sur l'impiété du siècle et quelle gloire pour l'église ! les anges devaient s'en réjouir... Je n'en finirais pas si je rapportais tout ce qui se débitait à ce sujet.

La veille du jour attendu avec tant d'impatience et d'anxiété, on exposa le saint-sacrement ; on récita des prières publiques ; les chœurs des congrégations chantèrent un *Miserere ;* la plupart communièrent à mon intention. Je ne pouvais plus sortir sans attirer les regards. J'étais tout à la fois honteux et fier du rôle que je jouais ; mais je me sentais rempli du désir de réussir, et je comptais bien ne pas échouer. Pendant plus de quinze jours on m'avait bourré de toutes les autorités ecclésiastiques ; j'avais la tête farcie de citations, de textes et d'arguments.

Je dois l'avouer cependant, au moment d'entreprendre cette conversion, je me sentis pris d'inquiétude, quoiqu'une parente de M. R... m'eût affirmé que celui-ci lui avait parlé de moi avec estime, et n'avait manifesté aucune répugnance lorsqu'elle lui avait annoncé ma visite.

C'était, je me le rappelle, un vendredi matin. Dix heures venaient de sonner lorsque je me mis en chemin pour aller remplir ma mission. Je trouvai M. R. dans la salle à manger. Sur son assiette fumait une côtelette appétissante, et d'autres mets gras étaient servis devant lui. J'en fus tout d'abord frappé, d'autant mieux qu'après m'avoir reçu poliment, m'avoir présenté un siége, M. R. s'était remis à table et continuait à manger aussi tranquillement que s'il eût été seul.

— Si j'avais quelque chose de présentable, me dit-il en souriant, je vous prierais d'accepter mon pauvre déjeûner.

C'était une voie ouverte à la discussion ; j'en profitai.

Il me laissa parler des commandements de l'église, des saintes habitudes de nos pères, de l'abstinence, regardée de tout temps comme une mortification salutaire ; mais, tout en m'écoutant, il se servit une seconde côtelette qu'il dépeça tranquillement et qu'il se mit en devoir de manger.

Je continuais mes observations, m'animant en proportion de son sang-froid. Tout-à-coup il se leva, apporta un verre placé sur la cheminée et me l'offrit gracieusement après l'avoir à demi rempli de vin, puis il me dit d'un ton calme :

— Je sais que vous avez entrepris de me convertir ; je suis fâché de ne pouvoir m'y prêter aujourd'hui ; une affaire m'appelle hors de chez moi. Nous remettrons, si vous le voulez bien, la partie à un autre jour. Vous voyez que je suis un auditeur attentif ; faites-moi donc le plaisir de vider ce verre à la santé de votre futur prosélyte.

Un instant je crus qu'il raillait ; mais en jetant les yeux sur mon interlocuteur, je lus sur ses traits une telle expression de loyauté et de bonhomie que j'acceptai son invitation.

— Veuillez maintenant m'excuser, ajouta-t-il ; je viens d'apprendre un accident arrivé à l'un de mes fermiers, je me rends chez lui et ne reviendrai que ce soir.

Il m'ouvrit la porte, descendit, le chapeau à la main, les quelques marches qui conduisaient à la rue, me salua avec une urbanité parfaite en accompagnant son salut d'un geste de la main et rentra chez lui.

Ne sachant encore comment interprèter une bienveillance aussi marquée, je me hâtai de regagner mon logement. Sur ma route, je rencontrai bon nombre de dévotes qui s'étaient mises à l'affût dans le voisinage de la maison de M. R... Toutes, au moment où je passais, firent des mouvements de tête en signe de félicitations. — Je laisse à penser combien cela me gênait.

A mon retour, je fus entouré de mes confrères; les deux dames qui avaient eu les premières l'idée de la conversion accoururent aussitôt, impatientes de connaître les résultats de ma tentative. Je fis alors le simple et véridique récit de ce qui s'était passé.

— Il veut éviter la discussion, s'écria un de mes confrères.

— Pardon, mon père, répondit la plus âgée des deux dames en s'inclinant respectueusement, puisque mon parent a promis, il tiendra sa parole : jamais il n'y a manqué. Sans l'accident dont il a parlé, la discussion eût commencé ce matin. Puisque l'œuvre est ajournée, il faut espérer en Dieu !

Un signe de croix général accueillit cette conclusion. Après un long entretien, dans lequel chacun émit ses espérances, exposa ses doutes, manifesta ses craintes, nous nous séparâmes et je me trouvai seul enfin.

En proie à la plus singulière agitation d'esprit, je me promenais en long et en large dans mon appartement, lorsque le père M..., chef de la mission, vint me trouver.

— Voici, me dit-il en me présentant un papier, de nouvelles armes pour vous préparer au combat. Relisez cela attentivement, et demain, dans la discussion, attachez-vous à suivre la série d'arguments dans l'ordre que je vous indique. Si vous rencontrez une incrédulité complète, faites ressortir la succession non interrompue des évènements se rapportant tous au même objet ; invoquez le témoignage unanime des contemporains, l'incontestable autorité des faits ; en un mot, donnez à la raison de votre auditeur les aliments solides qu'elle exige. Si vous ne trouvez que de l'indifférence, de la tiédeur chez M. R..., parlez à son âme, adressez-vous à son cœur. Il possède trop de vertus mondaines pour ne pas être sensible à ce langage.

Comme je me taisais, il continua :

— Parlez-moi franchement : avez-vous conçu quelque espérance ? Quelle impression vous est-il resté de votre entretien ?

— Il me serait difficile de vous le dire. Mais, je dois le confesser, j'ai plus de craintes que d'espérances... Dieu m'aidera !

Le père M... devint rêveur ; puis, un instant après, il reprit :

— Vous a-t-il paru avancé en âge?... bien portant?...

— Autant que j'en puis juger, il approche de la soixantaine, et il me semble sain de corps et d'esprit.

— Ne parlez pas ainsi, répliqua vivement le père M... ; j'admets qu'il soit sain de corps, mais je nie qu'il le soit d'esprit : il aurait une tout autre conduite.

Je ne répondis pas à cette observation. Après m'avoir de nouveau recommandé la lecture attentive de son manuscrit, le père M... me quitta, fort peu rassuré, à ce qu'il me parut, sur la suite de notre entreprise.

A peine était-il sorti qu'une dame d'antique lignée se fit annoncer.

— Vous avez donc réussi, mon cher abbé? s'écria-t-elle en se jetant sur un siége. Quel triomphe pour notre sainte religion ! Que vont devenir les incrédules, qui mettaient toujours M. R... en avant ! Oh ! je n'ai pu y tenir : je suis accourue pour vous adresser mes félicitations.

Elle parlait avec tant de volubilité, que je n'avais pu l'interrompre. Enfin il me fut permis de lui dire que je n'avais eu qu'une courte conversation avec M. R..., conversation presque étrangère à l'objet de ma démarche.

— Oh ! vous êtes trop modeste, mon cher abbé : on sait qu'il vous a accompagné jusqu'à la rue avec des égards infinis. Mais je le comprends : vous ne voulez parler que lorsque votre triomphe sera complet.

— Pardonnez-moi, Madame, repris-je aussitôt, je n'ai rien à cacher, et je vous dis la pure vérité.

— Oh ! mon Dieu ! s'écria-t-elle en se levant, que c'est contrariant : moi qui ai déjà annoncé la conversion à plusieurs de mes amies... Mais savez-vous que cela court la ville !

— J'en suis fâché, répondis-je; M. R... pourra me croire l'auteur de ces bruits.

— Rassurez-vous à cet égard : je vais l'occuper de telle façon qu'il n'apprendra rien d'ici à demain ; car c'est bien demain que vous retournez chez lui, n'est-ce pas ?

— Je le désire, Madame.

Elle était debout et s'acheminait vers la porte lorsque deux autres dévotes entrèrent rayonnantes. Elles venaient chercher la confirmation de la grande nouvelle. Ma position tournait au ridicule, je m'esquivai le plus vite que je pus, et j'allai lire le manuscrit de mon confrère.

Je ne connais pas de télégraphe qui transmette plus rapidement les nouvelles que les dévotes. Ni la pluie ni les brouillards n'arrêtent la propagation des bruits dont elles se font les échos. J'appris bientôt que la ville entière connaissait mon succès imaginaire, et j'en fus tout contristé. Un de ces pressentiments qui ne m'ont jamais manqué à l'approche des évènemements marquants de ma vie vint me serrer le cœur. J'éprouvais un malaise indicible ; j'avais besoin de me distraire : je sortis.

La nuit était déjà tombée, mais la molle clarté de la lune dissipait l'obscurité. Je me dirigeai vers une place ordinairement déserte et de laquelle, pendant le jour, on découvrait un large horizon. Je marchais vivement comme un lutteur qui se prépare au combat. Peu à peu le tumulte de mes idées s'apaisa ; le calme de la nuit envahissait lentement mon âme et donnait à mes sensations un caractère de douce tristesse. Ma pensée s'éleva vers Dieu ; je le contemplais dans la magnificence du firmament ; je l'écoutais dans les faibles murmures qui sortaient des vallées ; les astres scintillants me semblaient les flambeaux de son sanctuaire et les blanches vapeurs qui montaient vers le ciel, l'encens que la terre envoyait silencieusement vers son auteur. Un voile se détacha de mes yeux ; pour la première fois je comprenais l'infini. Je joignis les mains et je tombai à genoux. Lorsque je me relevai, j'éprouvais un calme si profond que les intérêts et les bruits de la terre ne pouvaient plus m'émouvoir. J'oubliai la tâche que j'avais à remplir le lendemain, ou plutôt son importance s'amoindrit à mes yeux, et je devins pour ainsi dire indifférent au résultat.

IX

Je dormais encore lorsqu'on vint m'apporter un petit billet de M. R... : c'était une invitation à déjeûner. Mes confrères m'entouraient. Chacun avait une preuve nouvelle à me fournir. Je les écoutais en silence et ne comprenais pas l'ardeur qu'ils montraient à changer les idées, à modifier les convictions d'un homme qui, de leur propre aveu, donnait l'exemple de toutes les vertus. Quoi qu'il en soit, je vis arriver l'instant du départ sans ressentir les appréhensions du jour précédent, et je partis avec calme pour me rendre à l'invitation de M. R. Mes confrères en tirèrent un favorable augure : toute cette besogne les préoccupait beaucoup plus que moi.

M. R. m'attendait au salon ; son accueil fut cordial et franc, mais peu empressé. Nous nous mîmes à table ; par égard pour moi, les mets gras avaient disparu. La conversation s'engagea entre nous, et bientôt nous tombâmes sur le chapitre de la religion. Je ne veux pas rapporter ici notre discussion ; qu'il me suffise de dire qu'après avoir longuement disserté sur le dogme, sur la doctrine, sur le caractère de la révélation, sans en faire l'aveu, je me sentis vaincu. Malgré moi, j'approuvais secrètement ce que me disait M. R... Cependant je voulus protester encore, pour l'honneur de ma robe ; mais comme je reprenais la parole, il mit sa main sur la mienne et me dit :

— Ne prolongeons pas davantage cet entretien ; nous ne nous entendrions jamais. Pardonnez-moi si j'ai blessé vos croyances ; mais, dans une discussion de ce genre, il faut être vrai et ne jamais mentir à sa conscience. Qu'allez-vous rapporter à vos confrères, car je suis informé de tout ce qui a été mis en jeu pour me convertir ?

— Je leur dirai que vous êtes un homme de bien selon le monde, mais que l'esprit de Dieu a fixé à un autre temps le miracle de votre conversion.

— Elle arrivera, comme celle de tant d'autrés, quand mes facultés seront affaiblies et que mon esprit ne pourra plus dégager la divine vérité des nuages dont les hommes l'ont obscurcie.

— Alors, repris-je, je suis vènu vingt ans trop tôt.

— Vous me donnez encore beaucoup de

chemin à parcourir, Monsieur l'abbé; je vous remercie du souhait. Quel que doive être le terme de ma carrière, je continuerai mon pèlerinage, plein de confiance en Dieu et tâchant toujours de vivre en paix avec moi-même. Adieu; si vous voulez me revenir voir vous me ferez plaisir. Nous causerons de ce qu'il vous plaira; peut-être la grâce aura-t-elle son heure, et la brebis égarée rentrera-t-elle au bercail!

— Que Dieu vous entende, dis-je en me levant; si mes vœux et mes prières pouvaient y contribuer, j'éprouverais la plus grande joie que mon cœur ait jamais ressentie.

Nous nous séparâmes en nous donnant des marques d'affection. J'aimais cet homme malgré son incrédulité.

Il me fut impossible de ne pas raconter à mes confrères les détails de la visite que je venais de faire. A mesure que j'avançais dans mon récit je voyais les visages se rembrunir.

Le père M...., chef de la mission, paraissait plus agité que les autres. Renversé dans son fauteuil, il donnait des signes manifestes de mécontentement. Plusieurs fois il m'interrompit par des exclamations.

— Comment s'écria-t-il à un certain passage de ma narration, vous n'avez pas pulvérisé les raisonnements de cet homme! mais vous aviez donc perdu la tête?

— Je reconnais mon insuffisance, lui répondis-je; vous auriez dû choisir quelqu'un de plus capable que moi.

— Je l'avais prévu, ajouta-t-il; il fallait une logique serrée, vigoureuse, dans une bouche accoutumée à la lutte...

Mon amour-propre se révoltait; mais l'une des qualités du prêtre consiste dans l'art de dissimuler : je me tus. Il reprit bientôt :

— Que ne m'est-il donné d'aborder cet impie! je l'amènerais à merci, je vous en réponds.

Je connaissais la violence de caractère du père M..., et je gardai encore le silence. Soit que ma modération l'irritât davantage, soit qu'il eût besoin d'épancher sa bile, il continua longtemps sur le même ton sans qu'aucun de nous songeât à l'interrompre. Enfin, probablement fatigué du rôle qu'il jouait en présence de spectateurs muets, il nous congédia d'un geste superbe en déclarant qu'il aviserait.

Rentré chez moi, je fus assailli de réflexions. Plusieurs parties de la conversation de M. R... avaient produit sur moi une impression qui persistait en dépit de mes croyances. Lorsque je comparais ensuite le ton de notre entretien avec ce que je venais d'entendre, je ne pouvais m'empêcher de faire des comparaisons dont le résultat n'était rien moins que favorable à mes confrères. J'avais été chez M. R... pour le convertir, et je tremblais qu'il n'eût interverti les rôles.

Le père M... entra le lendemain de grand matin chez moi. Son visage annonçait qu'il avait veillé et réfléchi.

— Abbé, me demanda-t-il, croyez-vous que, grâce à vos bonnes relations avec M. R..., j'obtienne de lui une entrevue ?

Je réfléchis un instant et je lui répondis que je l'ignorais ; mais que je pourrais faire une tentative.

— Pourquoi, me dit-il tout à coup, ne l'avez-vous pas tenu serré sur votre terrain ? Vous avez laissé la discussion aller la bride sur le cou. J'aurais dû m'y attendre : vos études ont été faibles. Combien avez-vous d'années de théologie ?

— Je l'ai apprise, lui répondis-je, à une époque où des préoccupations de plus d'un genre m'empêchaient d'apporter une grande attention à cette étude.

— C'est cela, ajouta-t-il en se rengorgeant ;

point de subtilité dans l'argumentation. Il faut que l'homme qui discute glisse entre les doigts comme une anguille ; c'est un combattant sous les armes qui doit connaître toutes les feintes, et être aussi prêt à s'esquiver qu'à riposter.

— J'avais pensé, lui dis-je que toute discussion devait être de bonne foi, et que, lorsque du choc des opinions jaillissait la vérité, on devait l'accueillir avec empressement.

A ces mots, il me regarda en silence, les bras croisés ; son regard avait quelque chose de dédaigneux et de défiant tout à la fois.

— Si je puis aborder cet incrédule, reprit-il, je désire que vous soyez témoin de la lutte.

— Vous êtes mon supérieur ; je vous obéirai.

Il me quitta.

Tout concourait à me faire pencher du côté de M. R... ; mes confrères me dégoûtaient. Cependant, j'écrivis au premier, et je lui fis part du désir de notre supérieur. Il me répondit sur-le-champ qu'il consentait volontiers à nous recevoir. Le père M... ne s'attendait pas à un aussi prompt résultat. Peut-être s'était-il mis en avant par jactance ; peut-être aussi comprit-il qu'il fallait compter avec un homme qui acceptait, sans y être contraint, un ennuyeux et difficile débat ; toujours est-il qu'il me parut surpris, et qu'il pâlit un instant.

Le père M... était dans la force de l'âge. Doué d'une audace extrême, il avait une grande habitude de la parole, et jouissait d'une immense réputation comme théologien. Pendant de longues années consacrées à la prédication, il avait déployé dans ses attaques contre les incrédules une ardeur qui lui avait mérité la confiance de la société. Personne, au surplus, n'avait de son mérite une plus haute opinion que lui-même.

En face de la chaire, on ne rencontre pas de contradicteurs ; l'orateur, entouré d'auditeurs, dont les regards admiratifs ou bienveillants le couvrent et le protègent, se persuade aisément que partout il aura le même succès, que partout il imposera le même silence approbateur. Les prêtres ne peuvent d'ailleurs s'imaginer que l'étude de la théologie fourvoie la raison, et n'est utile dans la discussion qu'entre gens nourris de son lait. Les applaudissements de quelques abbés ou d'un troupeau de dévotes les enivrent et ils se jettent, les yeux fermés, au milieu du péril, sans se douter qu'ils courent grand risque de n'en pas sortir.

L'entrevue devait avoir lieu le jour même à deux heures après-midi. Pour ma part, je commençais à me réjouir d'assister à une discussion propre à me tirer du pénible état de doute dans lequel je me trouvais. Il y eut une conférence préliminaire : là, on me fit répéter mot pour mot ce que j'avais rapporté la veille. On m'arrêtait à chaque objection, et le père M...

la mettait en pièces. Il ne voulait pas, me sembla-t-il, une conversion sincère, mais un succès oratoire, une victoire de discussion.

M. R... me reçut poliment ; il me serra affectueusement la main et me plaça dans l'embrâsure d'une fenêtre, comme pour me mettre hors du champ de bataille. Son regard était quelque peu malicieux ; mais, en somme, il fut d'une urbanité parfaite. Le père M..., comme un sanglier acculé, se tenait raide, l'œil baissé, dans une attitude agressive. M. R... ouvrit la lice en s'adressant au père M...

— Vous avez désiré une entrevue avec moi, Monsieur, lui dit-il en souriant légèrement ; puis-je savoir quel en est le but ?

— C'est la vérité, lui répondit le père M..., vous avez toutes les vertus de l'homme du monde (M. R... s'inclina), je donnerais mon sang pour que vous eussiez celles du chrétien.

M. R... s'inclina plus bas.

— Je n'ai aucun droit à un aussi précieux sacrifice, reprit-il, mais permettez-moi de vous le dire : je ne croyais pas qu'il y eût deux espèces de vertus. Expliquez-moi, je vous prie, cette distinction.

— Il n'y a pas de véritable vertu sans la foi, répliqua sèchement le père M...; sans la foi ce que le monde estime n'est que vanité et orgueil.

La lutte était engagée et j'écoutais de toutes mes oreilles * . . . .

. . . .

. . . . . . — Je croyais ne rencontrer qu'un incrédule dit brusquement le père M..., en se levant ; je me heurte contre le déisme.

* Nous ne croyons ni utile ni intéressant pour nos lecteurs de reproduire une longue discussion où la théologie d'une part, la philosophie de l'autre, soutiennent et nient alternativement le caractère divin de la révélation.

(*Note de l'éditeur.*)

Un éclair de mépris brilla dans les yeux de M. R... Cependant, il se contint et invita le père à reprendre sa place. Celui-ci ne lui répondit pas, enfonça son tricorne, fit une légère inclination de tête et sortit sans faire attention à moi. M. R... se tourna alors de mon côté :

— Pour l'homme indépendant et qui ne violente les croyances de personne, parler librement et obéir au cri de sa conscience en proclamant ce qu'on croit être la vérité, est plus qu'un droit, c'est un devoir... Mais vous, mon ami, qui avez tout à perdre, ne restez pas plus longtemps chez moi. Je connais vos confrères et je serais désolé d'être pour vous la cause de quelque fâcheuse aventure.

J'étais resté sur ma chaise, tout stupéfait, pendant la discussion. Mes sincères convictions me portaient à détester le langage de M. R..., et plus d'une fois mon cœur avait bondi d'indignation. Cependant, à ses dernières paroles si bienveillantes, je sentis fondre mon ressentiment. Je le saluai profondément, et je me retirai tout pensif. Il se passait en moi quelque chose d'étrange qui bouleversait mes idées.

Je ne revis pas le père M... pendant le reste de la journée. Le jour suivant il me fit prier d'aller le voir. Il avait, à ma grande surprise, repris son air d'assurance habituelle.

— Malheureux pays, s'écria-t-il! malheureuse France qui possède de pareils hommes dans son sein!...

Puis, passant brusquement à un autre ordre, d'idées, il me demanda ce que je pensais de la discussion de la veille et, sans attendre ma réponse, il ajouta qu'il avait préparé un sermon contre les philosophes. J'osai lui faire observer qu'il valait mieux peut-être garder un silence prudent et attendre quelques jours afin de savoir ce que le public, mis en émoi par nos deux tentatives, penserait de leur résultat. Il n'en persista pas moins dans sa résolution, et voulut me lire son sermon.

Mon esprit était mal disposé à entendre cette lecture ; la controverse de la veille avait produit sur moi plus d'impression que je ne voulais me l'avouer.

Le père M... me retint deux heures. Il s'arrêtait aux passages les plus saillants pour me faire sentir la force de son argumentation, et je le reconnais, une fois ses prémisses admises, rien n'était plus rigoureusement incontestable que les conséquences qu'il en tirait. Mais à cette heure, ma foi chancelait, et je restai muet en écoutant le père M.... Mon silence le blessa ; son regard inquisiteur m'en avertit, et je ne sais pourquoi je me sentis frissonner.

A dater de ce moment, j'ignore ce qu'il trama avec mes confrères, car on ne m'appela plus aux synodes du soir. Il y eut de nombreuses allées et venues : les dévotes de haut étage s'agitaient beaucoup. Bref, le sermon contre les philosophes ne fut pas débité, et tout parut rentrer dans l'ordre ordinaire.

Quelques jours après, je fus envoyé prêcher une mission et organiser une congrégation dans une commune voisine. Ce n'est pas sans un secret plaisir que je m'éloignai après avoir reçu mes instructions. Depuis notre double échec, je n'étais plus à l'aise, je dois le dire, en face du père M... Je sentais qu'il ne me pardonnerait jamais d'avoir été témoin de son échec; je devinais que je m'étais fait un ennemi de plus.

Hélas! je ne me trompais pas, et l'avenir s'est chargé de justifier mes tristes prévisions.

Le curé de la paroisse où l'on m'avait envoyé était un respectable vieillard. Je m'aperçus qu'il me recevait sans beaucoup d'empressement. (Sous la Restauration, soit dit entre parenthèses, on imposait souvent les missions aux curés de campagne qui ne montraient pas assez de zèle ou qui habitaient une paroisse offrant l'apparence d'une abondante récolte). Lorsque je parlai à mon hôte d'organiser une congrégation, et que je lui exposai la marche que je devais suivre, il secoua la tête d'un air désapprobateur et me dit :

— Franchement, vous ne réussirez pas.

— Vos paroissiens sont donc irréligieux ou indifférents en matière de religion ? répondis-je. Raison de plus pour ranimer en eux la foi qui sommeille ou qui s'éteint faute d'aliments.

— Ta, ta, ta, répliqua le vieux curé en faisant entendre un gros rire. Mes paroissiens, monsieur l'abbé, ont une foi à toute épreuve ; laissez-la telle qu'elle est. Ils fréquentent les offices les dimanches et jours de fête, et travaillent le reste de la semaine en gens sages et laborieux. On a voulu établir ici un café ; ça n'a pas pris, tandis que dans les bourgs voisins, les cabarets font d'excellentes affaires, quoiqu'ils aient eu des prédications, des missions et même des congrégations. N'allez pas croire pour cela qu'ici il n'y ait que des saints ; ce n'est pas ce que je veux dire ; mais, je vous le répète, mes paroissiens sont laborieux, les ménages vivent en général dans l'union et nous n'avons pas de mauvaises mœurs.

Le curé s'arrêta un instant comme pour attendre mes observations ; mais je restai silencieux.

— Tenez, monsieur le missionnaire, continua-t-il en prenant un ton plus grave, je vais vous dire les fruits que porterait une mission dans ma commune, et vous pardonnerez à un vieillard de 72 ans de vous parler à cœur ouvert... Ma foi, ajouta-t-il comme s'il se fût parlé à lui-même, il est trop tard pour me corriger, et puisque tout ce qui m'en a coûté ne m'a pas guéri de ma franchise, il est probable que je mourrai dans l'impénitence.

Je pris alors la parole pour engager le vieillard à s'exprimer en toute liberté.

Si je rapporte ici la suite de notre long entretien, c'est qu'il me semble instructif pour mes lecteurs de savoir comment un prêtre digne de l'estime de tous appréciait l'influence qu'exerçaient les missions sur les campagnes. Beaucoup de gens ont vu fonctionner les missionnaires dans villes, mais on ignore assez généralement comment les choses se passaient ailleurs. A ce point de vue, la conversation du vieux curé présente quelque intérêt, et peut-être ses remarques et ses avis auront-ils une certaine utilité, s'il est vrai, comme je l'ai entendu dire, que les prédicateurs ambulants de la Restauration font mine de recommencer leurs pérégrinations dans notre pays.

— Une mission, me dit-il, n'est jamais prêchée par un seul ecclésiastique : les curés des environs y sont appelés ; chacun veut et doit monter en chaire à son tour. Alors s'établit entre les prédicateurs, à leur insu, je n'en doute pas, une lutte d'amour-propre, et le but d'abord tout charitable, tout chrétien, devient bien vite tout mondain sous les incitations de l'orgueil. On cherche, non plus à porter la conviction dans les âmes, mais à briller, à se surpasser les uns les autres... Ne me dites pas que je me trompe ; je crois valoir mes confrères ; eh bien ! moi qui vous parle, moi dont les cheveux blancs doivent vous inspirer quelque confiance, je vous avoue en toute humilité que le désir de briller, de me mettre hors ligne, m'a inspiré maintes fois les sentiments de vanité que je reproche aux autres, et je vous déclare qu'il fut un temps où je prêchais beaucoup plus pour m'attirer l'approbation des hommes qu'en vue du bien que je pouvais faire.

— A la bonne heure, répondis-je; mais qu'importe le mobile secret qui dirige les orateurs, si en somme ils produisent d'heureux résultats.

— Vous avez raison, répliqua le curé, et si les missions n'offraient pas d'autres inconvénients, je ne les désapprouverais pas d'une manière absolue. Si la satisfaction que nous donnons à notre passion naturelle pour la louange pouvait être utile à nos frères, ce serait un compte à régler avec Dieu seul, avec Dieu qui connaît toute l'étendne de notre faiblesse; mais les choses ne vont pas ainsi. Vous voici en pleine mission, n'est-ce pas? Les sermons se succèdent, les cérémonies religieuses s'accomplissent avec plus de pompe, on y consacre plus de temps; la foule accourt des environs... Vous vous en réjouissez, et moi je m'en afflige. Croyez-vous que ce soit uniquement pour entendre la parole de Dieu que l'on se presse autour de vos chaires? Ne comptez-vous pour rien l'attrait de la nouveauté, le mérite d'un spectacle extraordinaire dans nos campagnes, où les distractions sont si rares? N'avez-vous jamais remarqué, vous qui êtes missionnaire, un peu plus de recherche dans les parures? et, en conscience, pensez-vous que ces idées de coquetterie se glisseraient dans l'âme de gens vraiment désireux de se sanctifier? C'est là un premier pas dans le mal : vous avez ouvert l'accès aux mauvaises passions qui sommeillaient peut-être en attendant l'occasion de se produire. Croyez-en ma vieille expérience : ne réunissez jamais les paysans que pour des motifs sérieux et d'une utilité évidente et immédiate. Autrement, vous les habituez à l'oisiveté, leurs travaux en souffrent, le malaise se glisse alors petit à petit dans la ferme négligée ; bientôt il grandit : les caractères s'aigrissent, les ménages se troublent, et la ruine est au bout. Sont-ce là, dites-moi, les bienfaits que vous voulez apporter dans nos campagnes ?

Comme je voulais me récrier :

— Je n'ai pas fini, me dit-il, et d'ailleurs, je vous devine : vous allez m'objecter les bons résultats qu'une mission produit sur les mœurs et dans les idées religieuses. Je ne me charge point de répondre quant aux mœurs : de récents et trop nombreux scandales m'en dispensent. Mais je veux parler des idées religieuses ; ici, je suis plus à mon aise.

— Mais, monsieur le curé, me hasardai-je à dire, remarquez, je vous prie, que je suis ici par ordre de mes supérieurs, et que ce sont eux seuls qui sont juges de l'utilité d'une mission dans votre paroisse.

— Cela est vrai, me répondit-il ; ma commune est assez isolée ; depuis plusieurs années j'ai résisté de toutes mes forces à l'introduction des missionnaires. Vous voici : je le confesse, le vieillard est vaincu : je me soumettrai donc. Ainsi, demain, je vous ferai visiter ma paroisse : après-demain, c'est jour de fête, vous officierez et vous prêcherez : voilà qui est bien convenu. Maintenant, laissez-moi achever ce que je vous disais à propos de l'influence que vous et les vôtres exercez dans le domaine des idées religieuses. Les femmes assiègent le tribunal de la pénitence, s'approchent des sacrements, et beaucoup d'entre elles acquièrent un degré de sainteté tel que, de retour à la ferme, elles ne trouvent plus leurs maris assez bons chrétiens. Si le ciel les a faites douces, c'est tout doucement d'abord qu'elles engagent leurs époux à se corriger ; les acariâtres et les impérieuses s'y prennent autrement. Quel que soit, du reste, le caractère de ces saintes femmes, elles poursuivent leur œuvre avec cette persistance que l'on apporte toujours dans l'accomplissement d'un devoir considéré comme sacré, et voilà qu'un jour le village apprend qu'une guerre intestine désole un ménage naguère encore heureux et paisible. Les enfants ont suivi l'exemple de leurs parents et partagent, selon leur sexe, leurs antipathies et leurs affections : les filles se rangent du côté de la mère, les garçons prennent parti pour le père. Ce n'est plus une famille, ce sont deux camps ennemis sans cesse en présence, escarmouchant à table, au travail, en tous lieux, jusqu'à ce qu'une malheureuse séparation vienne mettre le comble au scandale. Excellent exemple, n'est-il pas vrai ?... Est-ce tout ? non. J'oublie ces corporations que vous organisez, cette armée que vous recrutez dans toutes les classes. Oh ! malheur, trois fois malheur au village où s'établit une congrégation ! La surveillance de l'individu sur l'individu commence : la charité cède la place à l'espionnage et à l'intolérance. Tel qui était auparavant aimé et estimé de tous, devient un objet de mépris et de haine, parce qu'il n'a pas subi le joug. Et que faites-vous de ceux qui vous obéissent? Non contents de les corrompre, de les dégrader, vous les mettez à contribution, vous les rançonnez sans pitié, et peu à peu les misérables économies de ces pauvres gens vont s'engouffrer dans cette caisse mystérieuse déjà pleine de tant de trésors... Tout cela pour la plus grande gloire de Dieu!...

En cet endroit le vieux curé, dont l'accent était plein d'un ironique mépris, se tut un instant et parut se recueillir; puis, me regardant avec une inquiète sollicitude, il continua d'une voix attendrie :

— En vous recevant ici, j'obéis à mes supérieurs; je remplis mon devoir; mais je vous l'avoue du fond de mon âme, il m'en coûte affreusement de manquer à mes convictions, de trahir ma conscience. Si vous êtes un digne prêtre, si vous êtes un homme, je vous conjure de ne pas jeter le trouble dans mon troupean. Voici la douzième année que je le conduis; j'espère mourir au milieu de lui : n'affligez pas un pauvre vieillard qui n'a plus que quelques jours à vivre. Laissez-lui les enfants qu'on lui a confiés tels qu'il les a reçus de Dieu, tels qu'il veut les lui rendre, et je vous chérirai et je vous comblerai de bénédictions, à chaque heure de ma vie, pour le bien que vous m'aurez fait...

Il s'arrêta et deux grosses larmes coulèrent sur ses joues. J'étais si ému que je ne pus lui répondre; seulement, je lui pris une main et je la serrai fortement entre les miennes.

Devant moi un vieillard vénérable, en cheveux blancs, se tenait suppliant et les yeux mouillés de pleurs, devant moi qui étais prêt à me jeter à ses genoux, pour demander à sa sagesse et à son expérience de m'aider à sortir de l'abîme où le doute m'avait jeté, éperdu et meurtri. Je n'avais plus la tête à moi, le fil de mes pensées m'échappait : je restais muet, tout inquiet et tout tremblant, et il paraissait attendre ma réponse.... Je me levai brusquement et me promenai à grands pas dans l'appartement. Mes nerfs irrités par tant de secousses réitérées ne purent résister à ce nouveau choc : bientôt je retombai sur ma chaise, et je me mis à pleurer.

Le vieux prêtre avait suivi tous mes mouvements avec anxiété. Il appliqua sa bouche vénérable sur mon front ; puis, étendant les mains sur ma tête, il dit :

— La bénédiction d'un vieillard est sainte ! Jeune homme, tu as celle d'un humble serviteur de Jésus-Christ ; il te la donne du plus profond de son âme. Puisse-t-elle être agréable à Dieu !

Je me jetai dans ses bras ; ses étreintes répondirent aux miennes, et je me trouvai heureux et soulagé.

La soirée se passa en de mutuelles confidences. Je lui fis sans détour et sans réserve le récit de ma vie ; je lui montrai la plaie saignante de mon cœur ; je lui racontai les doutes incessants dont j'étais assailli, et je mis à nu devant lui la grandeur de ma misère.

Si trop souvent les années émoussent la sensibilité des vieillards, il est quelques natures privilégiées qui conservent leur sympathique chaleur aussi longtemps que la vie : tel était le vieux curé. Touché de mes malheurs, attendri par mon naïf récit, il prit une part si active et si sincère à mes peines, que j'en vins à le considérer comme un père.

Jamais je n'avais éprouvé un bonheur aussi pur, et c'était avec délices que j'épanchais mon âme, sans éprouver ces remords inséparables d'un criminel amour. Je me sentis relevé à mes propres yeux : la voie que je suivais m'apparut plus sûre et plus vraie, et je me trouvai plus de forces pour la parcourir : j'avais un ami !

Les gens du monde ne comprendront pas la situation dans laquelle je me trouvais : ma joie doit leur sembler inexplicable : tous ont eu des parents, des amis ; tous ont trouvé quelqu'un à qui confier leurs pensées, et moi, je n'avais rien eu de tout cela. Sans cesse comprimés par une force irrisistible, mes instincts, mes passions ne s'étaient fait jour que par éclair, et rien dans mon éducation ne m'avait prémuni contre leurs dangereux effets. La règle me manquait, et cependant, il faut bien le dire, je devais à mes fiévreux écarts d'avoir senti que j'étais, non pas une machine inerte, mais un homme sujet à toutes les faiblesses de l'humanité. La douleur m'avait seule initié aux secrets de la vie. Aussi je laisse à penser quel fut mon bonheur, en rencontrant un homme portant ma robe que je pouvais interroger à cœur ouvert.

Il me sembla que j'allais vivre d'une existence nouvelle ; les plus doux rêves bercèrent mon sommeil.

XI

Le lendemain, je trouvai mon vieil ami, le visage serein, mais grave. Il avait, de son côté, réfléchi à notre singulière rencontre. Après le déjeûner, nous allâmes visiter la paroisse. Tout le monde était occupé, et l'intérieur des maisons avait cet air d'aisance et de propreté qui caractérise une population heureuse et tranquille. Partout on nous accueillait comme des amis.

— Ces gens-là ont-ils besoin de mission ? me demanda le bon curé.

Il savait quelle était ma pensée : je me contentai de sourire.

— Il faudra pourtant que vous les prêchiez, ne fut-ce que pour la forme. Au surplus, si vous n'avez pas de sermons, j'en ai à vous fournir qui vous conviendront peut-être, et qui, à coup sûr, seront beaucoup plus du goût de mes ouailles que les déclamations éloquentes de mes jeunes et ardents confrères. Il n'y a qu'une chose qui m'embarrasse pour vous : une mission doit être une mine plus ou moins riche à exploiter : or, ici, tout le monde est à son aise, vos supérieurs le savent ; comment ferez-vous pour les satisfaire, et que penseront-ils en vous voyant revenir les mains vides ? Car, ma foi, quant à les remplir, il n'y faut pas compter. Mes paroissiens ont trop ri de la sottise de leurs voisins de Saint-G...., pour les vouloir imiter.

Imaginez que les missionnaires ont emporté de cette commune la moitié de l'argent en circulation, en donnant, il est vrai, en échange, beaucoup de chapelets, de médailles bénites, d'images, de livres de dévotion, etc., sans compter le reste. C'était une façon comme une autre de laisser des regrets après eux. Le curé de Saint-G..., jeune homme protégé par le grand-vicaire, déploie dans sa paroisse le zèle le plus extravagant. Il tonne et fulmine tous les dimanches et en somme, il est détesté de la majeure partie de son troupeau. Du reste, je ne le vois point. Comme je passe pour un prêtre tiède et nonchalant, il craindrait de se compromettre ou de souiller sa foi par mon contact : je m'en trouve bien. Il faudra que vous le visitiez; tâchez de transporter votre siège d'opérations chez lui. Il y a dans sa paroisse plus de pécheurs à convertir que dans la mienne:

— Je sens, lui dis-je, qu'il faut que je renonce à cette corvée, et que je cherche une occupation qui ne me mette plus aux prises avec ma conscience ; mes doutes me pèsent, et j'ai besoin de sortir de cet état d'incertitude.

— Je vous comprends, me répondit-il ; mais c'est chose difficile à votre âge. Ceux d'entre nous dont l'intelligence n'a pas été complètement abrutie passent tous par cette épreuve ; puis, l'habitude vient, les doutes s'effacent, et l'on finit par vivre dans une sorte d'apathique quiétude qui n'est pas la conviction, mais qui en a toutes les apparences.

Cette réponse ne pouvait me satisfaire. Je voulais qu'il fût plus explicite, et je le pressai de s'expliquer sur les points qui m'embarrassaient. Il le fit avec une bienveillance extrême et son bon sens naturel, mûri par une longue expérience, éclaircit les ténèbres qui s'étaient faites dans mon esprit. Je compris l'évangile, non plus dans sa lettre morte, mais dans son vivifiant esprit. . . . .

— O mon jeune ami! me disait le vieux prêtre, quand je prononce le nom du Christ, mon cœur se ranime, mon esprit s'agrandit. Je ne vois plus des peuples différents, mais des frères de la même famille. L'humanité tout entière est là sous mes yeux, et j'entends retentir à mes oreilles ces saintes paroles : Aimez-vous les uns les autres, car vous êtes tous les enfants de Dieu!... Quelle que soit la religion que nous enseignons, mon ami, révérons-la, car elle a son principe dans le Christ. Les hommes peuvent l'avoir altérée, mais ne possédons-nous pas les Évangiles! Laissez passer les sacrilèges profanateurs : qu'importent leurs tentatives? Tant que le livre sacré éclairera les nations comme un phare lumineux placé sur le rivage de la mer, la sainte parole sauvera le monde!

La voix du curé était vibrante, ses yeux brillaient du feu de l'enthousiasme ; ses paroles, je le sentais, partaient du cœur. Leur effet devait être irrésistible sur une âme avide de lumière et de vérité : je me sentis subjugué.

Mon vieil ami allait continuer lorsque la servante entra d'un air tout effaré. Elle venait nous annoncer qu'il y avait *une révolution* dans la paroisse de Saint-G..., que les paysans voulaient chasser leur curé, et que celui-ci priait instamment son confrère de se rendre chez lui au plus vite.

— Il y a longtemps, s'écria le curé, que je m'attendais à quelque chose de pareil. Les paysans ne sont plus des brutes ignorantes que l'on mène avec de grands gestes et de grands mots..... Il a besoin de moi !... Le prêtre tiède et nonchalant est donc bon à quelque chose ?... Venez, dit-il en s'adressant à moi, venez ; vous trouverez sans doute quelque chose d'instructif dans ce qui va se passer sous nos yeux.

En arrivant au bourg voisin, nous vîmes les

paysans qui se portaient en foule à la maison curiale. Ils saluaient le vieux prêtre ; mais pour que je susse bien qu'il n'y avait rien à mon adresse dans cette marque de respect, ils avaient soin de le désigner de son nom.

Le presbytère était adossé à l'église, mais en arrière et vers la gauche. L'espace qui restait libre à droite était couvert d'hommes et de femmes qui s'entretenaient avec vivacité. Nous passâmes sans obstacle, mais on ne nous salua pas. Les visages étaient sombres et menaçants.

— Que signifie ce rassemblement, maître Thomas? demanda mon vieil ami à un paysan qu'entourait un groupe nombreux.

— Cela signifie, répondit-il durement, que nous allons brûler la cure et le curé. Nous ne voulons pas que des calotins viennent déshonorer nos filles et nos femmes.

— A bas les calotins! hurlèrent les paysans.

Ce cri me fit frissonner. Je me jetai plutôt que je n'entrai dans le presbytère.

Tout, au dedans comme au dehors, respirait le trouble et la confusion. Une jeune servante pâle comme la mort était assise toute tremblante dans la cuisine. A quelque distance se tenait un ecclésiastique accompagné de deux hommes et d'une vieille femme. Ma présence attira leur attention. Je crois voir encore la figure du curé lorsqu'il se tourna vers moi. L'œil morne et comme frappé de stupeur, la lèvre inférieure pendante, les cheveux en désordre, la soutane déboutonnée, il ressemblait à un condamné qui entend lire sa sentence de mort. Jamais visage humain ne m'a paru exprimer plus complètement la terreur et la pusillanimité. C'était lui, le propagateur des missions, l'organisateur des congrégations, que menaçait la colère populaire.

Presque aussitôt entra le vieux curé. Il était

pâle, et ses traits dénotaient une profonde émotion.

— Ne perdons pas de temps ! nous dit-il.

Puis s'adressant à mon confrère, il ajouta :

— Prenez les habits de votre sacristain ; sautez par-dessus les murs du jardin, et allez m'attendre chez moi....

Le curé ne bougea pas : il était glacé de terreur.

— Prenez-le, dit le vieux prêtre au sacristain, couvrez-le de vos habits.... Hâtez-vous ; la vengeance du peuple est comme la vengeance de Dieu : c'est la foudre !

Nous poussâmes le curé dans une alcôve. La vieille femme, qui était sa mère, sanglottait en l'habillant ; la jeune servante levait les yeux au ciel. Hélas ! son mantelet ne la couvrait plus, et ses formes prononcées accusaient la gravité de sa faute.

— Il faut arracher cet homme à la mort,

me dit le vieux curé, et épargner à ces paysans irrités le châtiment que le pouvoir, seul coupable en définitive, ne manquerait pas de tirer d'eux.

Cependant les cris du dehors parvenaient, plus distincts, jusqu'à nous. Le coupable tremblait de tous ses membres ; il m'inspirait autant de pitié que de mépris. Nous le fîmes passer dens le jardin sans qu'il eût, pour ainsi dire, la conscience de ses actions. Quand la porte fut refermée, mon ami s'assit contre la table et se mit à réfléchir. Il calculait le temps et prêtait une oreille attentive aux rumeurs de la foule. Après quelques minutes de méditation :

— Ouvrez la porte, commanda-t-il à la domestique.

Celle-ci frémit. Je lui jetai à la hâte sa mante sur les épaules.

— Ouvrez la porte, lui répétai-je....

Elle ne bougea pas.

— Au fait, il vaut mieux que ce soit moi, dit le vieux curé en se levant.

Tandis qu'il se dirigeait vers l'entrée, je regardais la servante : elle s'était laissée retomber sur le banc, et ses dents claquaient les unes contre les autres.

Une foule de paysans se précipitèrent dans la cuisine.

— Le curé ! le curé ! criaient-ils.

— Il est parti, répondit le vieux prêtre avec un calme apparent que démentait le tremblement de sa voix.

— Non ! non ! répliquèrent les paysans. A mort, l'hypocrite ! le trompeur de filles !... A mort ! à mort !....

Et ils s'élancèrent dans l'escalier.

— Voilà ce que je désirais, me dit à l'oreille mon vénérable ami ; il aura le temps de s'éloigner....

Nous entendions le bruit des pas et les jurements de la foule qui remplissait le premier étage du presbytère.

Après une recherche qui s'étendit jusqu'aux greniers et aux écuries, les paysans revinrent les uns après les autres à la cuisine. Leur irritation était telle, que s'ils eussent rencontré le curé, ils l'auraient certainement écharpé. Mon confrère, les voyant réunis, leur demanda l'explication de tout ce qui se passait. Nous apprîmes alors que deux dixainières de la congrégation, en relations continuelles avec le curé, auquel elles devaient remettre le montant des collectes, le prix des livres, des chapelets, etc., vendus au profit de la congrégation, étaient enceintes : l'une, la fille du maire ; l'autre, la plus jolie fille de la commune.

— Le misérable gredin, hurlaient les paysans, les confessait tous les jours... Elles ont tout avoué ; c'est une abomination, une infamie... A bas les calotins !

— A mort les calotins ! répondaient les voix du dehors.

Notre position devenait critique, des regards menaçants se dirigeaient sur moi : j'eus un instant d'inquiétude. Le visage impassible du vieux prêtre me rassura. Je m'approchai de lui : il m'avait compris.

— Laissons passer l'orage, me dit-il, et faisons bonne contenance.

Un paysan avait trouvé la soutane du curé. Il la jeta par la fenêtre. Aux cris qui l'accueillirent d'abord succédèrent bientôt des rires immodérés.... On promenait la soutane au bout d'une fourche.

— Tout cela se calme, murmura tout bas le bon curé en s'adressant à moi. Nous pourrons bientôt sortir. Il doit être loin du bourg maintenant.

Au moment où nous mettions le pied hors de la maison, nous fûmes entourés par un groupe nombreux. Tout ce qu'il y avait de menaçant dans l'attitude des paysans s'adressait à moi seul ; car mon vieil ami paraissait entouré des respects de tous, quelle que fût, d'ailleurs, la colère de la foule.

— Mes amis, s'écria-t-il, vous me connaissez bien, et vous savez ce que je pense de tout ce qui se passe ici ; mais, de ce qu'il se trouve parmi les prêtres un indigne, faut-il rendre tous les autres responsables de sa conduite ? Dites-moi, s'il se rencontrait parmi vous un malhonnête homme, serait-il juste de vous considérer tous comme de malhonnêtes gens ?

Le fermier Thomas imposa silence à quelques femmes qui murmuraient.

— Pourquoi, par exemple, continua le vieux prêtre, vous venger de vos offenses sur des habits qui sont portés par des hommes respectables et habituer vos enfants, incapables encore de réfléchir, à mépriser la religion de leurs pères? Mon Dieu! je sais bien que vous comprenez qu'il n'y a de coupable qu'un seul individu; je sais qu'une fois votre première fureur apaisée, vous vous rappellerez que dans une société protégée par des lois, nul n'a le droit de se faire lui-même justice. Réunissez-vous avec calme, examinez les faits avec soin, appuyez-les de preuves décisives et portez ensuite votre plainte à monseigneur l'évêque...

A ce moment quelques voix s'élevèrent :

— Au procureur du roi, cria-t-on.

— Eh bien! adressez-vous au procureur du roi; mais agissez en hommes sensés qui ne demandent pas autre chose que la juste punition du vice et du crime.

Les groupes commençaient à se disperser. Nous voulûmes en profiter pour nous éloigner; mais Thomas nous arrêta.

— Un instant, monsieur le curé. On vient d'ouvrir un avis raisonnable, écoutez-le : nous pensons que vous devez entendre les dépositions des témoins, et surtout la malheureuse qui fait aujourd'hui la honte de sa famille. Elle vous en dira plus qu'elle n'en voudrait avouer à d'autres, et vous êtes d'ailleurs plus capable d'apprécier les choses que nous...

Le curé voulut répondre, mais on n'y prit pas garde. Bon gré mal gré on nous entraîna tous les deux vers la maison du maire.

Là, un spectacle qui ne s'effacera jamais de ma mémoire s'offrit à nos yeux. Un paysan d'une cinquantaine d'années était assis, les bras pendants, la tête penchée sur sa poitrine, les yeux secs et fixes dans l'attitude du plus profond désespoir. On l'eût cru inanimé si sa poitrine, douloureusement soulevée, si les soupirs qui s'échappaient de ses lèvres ne fussent venus révéler qu'il vivait encore pour souffrir.

Le peuple s'arrêta muet en présence de cette

immense douleur. Chacun s'inclina avec respect devant cet homme dont la vie était sans tache. Mon vieil ami s'approcha et lui prit la main. Le malheureux père leva lentement la tête, puis à la vue d'une soutane il frémit. Un éclair de vengeance brilla dans ses yeux, mais aussitôt qu'il reconnut celui qui venait troubler sa méditation solitaire :

— Hélas! que voulez-vous que je fasse? s'écria-t-il ; il faut que je meure... le déshonneur est entré dans ma maison... oh ! monsieur le curé...

Et les larmes jaillirent en abondance de ses yeux. Ma présence lui causait un sentiment de répugnance qu'il manifesta par un geste... Je m'éloignai un peu... Des cris perçants sortirent de l'appartement voisin.

— Allez-y, dit le père en devenant pâle comme un linceul, allez-y monsieur le curé. C'est là que vos consolations et vos secours sont le plus nécessaires... Je dois me montrer homme après tout.

La foule se tenait immobile et silencieuse à la porte.

— Mes braves gens, continua le maire en s'adressant aux spectateurs, je ne puis plus rester à la tête de la commune, je suis déshonoré...

— Non, non, répondit-on de toutes parts... Consolez-vous, nous vous aimons, nous vous estimons, il faudra qu'on vous venge, allez.

Le témoignage de l'affection générale parut l'arracher à sa torpeur. Il passa la main sur son front et répéta à voix basse :

— La vengeance !.. mais me rendra-t-elle ma fille et lui permettra-t-elle de lever la tête sans rougir ?.. Retirez-vous, mes amis, dit-il alors aux paysans. Pas de scandale, je vous en supplie ; hélas ! il n'y en a déjà que trop.

On lui obéit et tout le monde s'éloigna. Le

père, me voyant debout seul près de lui, me regarda avec tristesse.

— Entrez, me dit-il en me montrant la porte de la chambre où mon confrère s'était introduit quelques instants auparavant ; entrez, je n'ai pas le courage de la voir.

Je cédai machinalement à son invitation. Sur une chaise, la tête appuyée contre la table, une femme jeune encore sanglottait amèrement ; des mots entrecoupés sortaient de sa bouche, et son visage était inondé de larmes. Au fond, dans une espèce d'alcôve, deux autres femmes essayaient de maintenir sur son lit une jeune fille qui se tordait dans les angoisses des plus affreuses souffrances. De temps en temps elle faisait entendre des cris déchirants. On avait grand'peine à l'empêcher de s'arracher les cheveux et de se meurtrir le visage. Au moment où j'entrai, et comme si ma vue redoublait son désespoir, elle échappa à ses surveillantes et vint se précipiter aux pieds de sa mère.

— Maudissez-moi ; tuez-moi : l'enfer m'attend !...

Et elle tomba évanouie sur le carreau. La pauvre mère prit le corps de sa fille dans ses bras.

— Jeanne... Jeanne... ma fille, mon unique enfant, ma Jeanne... Je te pardonne, criait-elle en gémissant... Elle ne m'entend plus, dit-elle tout-à-coup en jetant autour d'elle des regards égarés ; elle est donc morte !

Les femmes relevèrent la jeune fille ; de sa bouche s'échappaient des flocons d'écume blanchâtre ; ses joues étaient livides comme celles d'un cadavre et ses yeux à demi entr'ouverts semblaient couverts des ombres de la mort.

Je ne me sentis pas la force de supporter plus longtemps ce spectacle et je m'enfuis de l'appartement. Que de remords m'assaillirent en ce moment lorsque je vins à songer que moi aussi j'aurais pu commettre le crime qui causait un si affreux malheur.

Je ne savais ce qui se passait dans l'appartement où le père s'était précipité. Seulement j'entendais le bruit de gens qui s'agitent et de profonds gémissements arrivaient par moment à mes oreilles bourdonnantes. Mon confrère m'apprit le reste : la jeune fille en revenant à la vie, s'était trouvée dans les bras de son père et de sa mère ; devant l'idée de la mort, la colère et l'indignation avaient fait place à l'attendrissement et à l'indulgence. La nature avait vaincu.

Le vieux curé était sorti tremblant encore d'émotion ; j'étais moi-même sous l'empire de la scène dont je venais d'être le témoin. Aussi nous mîmes-nous en route pour regagner le presbytère sans échanger une seule parole.

Nous marchions en silence depuis un quart

d'heure environ lorsque mon compagnon se tourna vers moi, et, s'arrêtant brusquement :

— Ce jeune prêtre me dit-il, poussait le zèle jusqu'à l'exagération ; il lui fallait des missions : vous voyez ce qu'elles ont produit...

Puis, comme s'il se fût parlé à lui-même, il continua en reprenant sa marche :

— Mais vouloir dompter la nature quand les occasions les plus dangereuses s'offrent à chaque instant, est-ce possible ? Un prêtre sans souillure d'esprit ou de corps serait un ange et non pas un homme...

Je le suivais, absorbé par les plus sérieuses réflexions : mon passé se déroulait dans mon esprit et je bénissais le ciel de n'avoir été coupable que d'intention.

En arrivant au presbytère, nous trouvâmes le curé fugitif affublé des habits de son sacristain. Son épouvante durait encore, et le moindre bruit le faisait tressaillir. Lorsqu'il eut la certitude que nous revenions seuls et qu'il fut bien convaincu qu'il n'avait plus rien à craindre de ses paroissiens, il reprit soudainement son assurance et essaya une justification impossible. A l'en croire, c'était aux ennemis que son zèle lui avait fait dans sa commune qu'il fallait imputer le scandale de la journée.

En l'écoutant, mon vieil ami avait peine à se contenir, le rouge lui montait au front ; bientôt il m'invita à le suivre pour reprendre notre conversation à l'endroit où le messager du curé de G... l'avait interrompue le matin. Le fugitif resta seul au salon.

Lorsque nous fûmes en tête-à-tête, mon digne hôte se laissa tomber sur un siège.

— Je ne pourrais causer avec vous maintenant, me dit-il, mais cet homme me faisait mal et je ne pouvais plus supporter sa présence. Oh ! mon ami, quelle amertume de telles scènes jettent sur mes vieux jours... Et songer qu'ils accusent d'autres qu'eux-mêmes de détruire la religion, comme s'ils n'étaient pas les vrais et les seuls coupables... Penser qu'ils vont crier encore contre le prêtre qui ne prêche à ses paroissiens que les bonnes mœurs, l'amour du prochain, la paix et le travail... Mais vous du moins, mon enfant, tirez de tout cela un enseignement en apprenant où conduit l'asservissement aux passions et l'oubli des devoirs...

J'étais dans la disposition d'esprit la plus propre à goûter les conseils du vieux curé. Bientôt je le quittai pour me livrer sans témoin aux salutaires pensées que m'inspiraient les évènements auxquels je venais d'assister.

XII

La journée avait été brûlante. En quittant mon vieil ami, je me dirigeai vers le jardin pour respirer l'air frais du soir. Je m'assis sous un bosquet de lilas : à quelque distance de moi se trouvaient des ruches d'abeilles dont le bourdonnement s'en allait en mourant peu à peu ; les feuilles des arbres semblaient agitées comme par un frisson, et les murmures des campagnes arrivaient à mon oreille en échos affaiblis. C'était l'heure sainte entre toutes les heures, heure d'enivrement et d'amour, où l'âme, bercée par mille pensées, se perd dans un océan de douces rêveries. Le souvenir de Marguerite, ce fidèle compagnon de ma solitude, vint se présenter à mon esprit; mais j'avais été le témoin d'une scène trop douloureuse pour ne pas sentir la folie de ma passion. Je cherchai à écarter la séduisante image. Efforts inutiles! elle s'offrait sans cesse à moi, non plus comme une amante, mais comme la seule amie que j'eusse rencontrée dans ce monde. Je m'imaginais que désormais je pourrais vivre sans danger près de Marguerite, me contenter de son affection de sœur, et passer ainsi une vie innocente et calme. Perfides sophismes de la passion, vous finissez toujours par rester maîtres d'un cœur trop lâche pour vous disputer le terrrain pied à pied.

La partie la plus basse du jardin, dans laquelle je me trouvais, était séparée du parterre, qui touchait à la maison, par une haie de houx tellement fourrée qu'elle me cachait complètement. Bientôt je crus entendre le bruit de quelques pas. La molle langueur qui assoupissait mes sens ne me permit pas d'y faire tout d'abord attention. Cependant, la marche saccadée du promeneur, dont le pied frappait violemment la terre, éveilla ma curiosité et me fit sortir de ma torpeur.

A travers les houx, je distinguai parfaitement le curé de G... Il s'avançait avec précipitation, puis s'arrêtait soudain, agitait les bras et murmurait des mots inintelligibles. Tout-à-coup il porta autour de lui des regards inquiets et s'approcha de la haie qui m'abritait. Je crus apercevoir briller la lame d'un couteau... Mon sang s'arrêta dans mes veines... Il se mit à genoux, la face à demi tournée vers moi, et leva les yeux au ciel.

J'étais si près de lui que je pus voir remuer ses lèvres.

Il posa ensuite le couteau sur la terre, déboutonna lentement son habit et promena un instant sa main vers la région du cœur. Puis, après avoir fait de nouveau le signe de la prière, il se baissa, reprit le couteau, en examina la pointe et la dirigea sur sa poitrine !....

Le malheureux allait se tuer.

Je poussai un cri perçant et m'élançai à travers la haie, que je franchis par un violent effort.

Le couteau était tombé de la main du curé, qui me regardait avec une expression si douloureuse, que je me sentis profondément ému.

— Malheureux ! lui dis-je, qu'alliez-vous faire ?

— Mourir, répondit-il en baissant la tête.

— Avez-vous pensé à Dieu ? repris-je avec un accent d'affectueux reproche.

— J'ai péché; je me punis. Dieu me pardonnera.

Ces paroles furent prononcées d'un ton calme et résigné.

— Levez-vous, mon frère..... Dieu ne pardonne point au suicide.

Je lui tendis ma main; il la prit machinalement. La sienne était froide et humide.

Je l'entraînai vers le presbytère sans qu'il fît la moindre résistance et sans qu'il prononçât un seul mot. Instruit par moi, le vieux curé le conduisit dans une pièce séparée où ils restèrent seuls plus d'une heure. De temps en temps la voix du vieillard s'élevait au milieu du silence, et ses graves accents parvenaient jusqu'à moi.

Ma nuit fut sans sommeil. Lorsque je descendis, le matin assez tard, la gouvernante me remit un volumineux paquet à mon adresse. Il venait du père M. Averti de ce qui s'était passé dans la paroisse de G., il m'envoyait ses instructions.

Je devais suspendre mes prédications, étudier les faits, sonder les esprits, prêter une oreille attentive à tout ce qui se dirait autour de moi, puis revenir à F., sans confier à d'autres qu'à lui mes renseignements. Ces instructions étaient, disait-il, toutes confidentielles.

Malgré ma préoccupation, je remarquai le ton amical que le père M. prenait avec moi pour la première fois; mais je ne sus à quoi attribuer cette bienveillance inaccoutumée.

Toute confidentielle que fût la missive, ainsi que je viens de le dire, je ne l'en communiquai pas moins au bon curé, qui seul pouvait me mettre en mesure de repondre convenablement au supérieur de la mission. Il hocha la tête en lisant ma lettre.

— Prenez garde à vous, me dit-il : je connais le père M. de longue date; quand il fait patte de velours, c'est qu'il aiguise ses griffes. Cet homme est votre ennemi, j'en suis sûr.

Je me souvins de l'affaire de la conversion manquée, et je me sentis pris d'inquiétude.

— C'est surtout dans votre rapport écrit, ajouta le curé, qu'il faut peser vos expressions. Vous ne savez probablement pas que le père M. est l'un des protecteurs du malheureux qui voulait en finir hier avec la vie.

Cette allusion du vieux prêtre au curé de G. nous fit songer à lui, et nous remarquâmes son absence. J'allai sur-le-champ dans la chambre où il avait dû coucher ; il n'y était plus, et le lit n'avait pas même été froissé. Évidemment, il était parti le soir même. Une idée terrible me traversa l'esprit.

— Il aura été loin de nous consommer ses projets de mort, m'écriai-je en descendant avec précipitation.

Mon vieil ami ne partagea pas mes craintes.

— Je crois plutôt, me dit-il, qu'il a pris les devants pour présenter à la mission de F. un récit des faits qui le concernent, et je ne serais pas éloigné de penser que c'est à lui que vous devez l'envoi précipité des instructions du père M... Et, en y réfléchissant, ajouta-t-il après une minute de silence, cela me donne la clé de la lettre amicale et confidentielle. Je devine, maintenant : vous êtes sur les lieux, votre rapport peut sauver ou perdre le curé de G. ; on vous interrogera quand vous arriverez à F. ; eh bien ! le père M. s'est arrangé de façon à ce que personne ne sache avant lui ce qui s'est passé. C'est, en vérité, un habile homme que ce révérend !...

Nous causions encore sur ce sujet si intéressant pour moi, lorsque le fermier Thomas vint nous apporter une nouvelle aussi étrange qu'imprévue.

Les habitants du bourg s'étaient réunis chez

le maire, après notre départ, pour aviser à ce qu'ils avaient à faire. Après une longue discussion, un ancien officier en retraite avait ouvert l'avis suivant : « Refuser d'abord tout prêtre qui se présenterait de son chef ou serait envoyé par l'autorité ecclésiastique ; demander ensuite que la paroisse fût desservie par mon vieil ami, auquel on adjoindrait un vicaire, et enfin, dans le cas d'un refus, passer au culte protestant. » Une pétition froide, ferme, conçue d'ailleurs en assez bons termes, avait été rédigée dans ce sens et c'était cette pièce que Thomas apportait au curé.

Celui-ci prit la main du fermier et lui dit :

— Remerciez pour moi les habitants du bourg de la confiance qu'ils accordent à mes cheveux blancs; mais dites-leur que je suis trop vieux pour prendre une nouvelle charge d'âmes. Mon troupeau est déjà bien assez nombreux pour mes forces. Mais surtout usez de votre influence, père Thomas, pour calmer vos amis. Vous avez eu le malheur d'avoir un pasteur corrompu : tous ne sont pas tels, croyez-le bien. Les rares exemples qui attristent la religion et les fidèles vous prouvent que si l'habit noir ne défend pas toujours de l'erreur, du moins c'est là non pas la règle, mais l'exception. Le clergé compte cent prêtres vertueux contre un indigne.

— Ma foi, répliqua brusquement le fermier, nous ne voulons pas d'une seconde expérience, et nous ne nous fierons plus qu'aux têtes blanches.

Cependant toutes les instances qu'il fit auprès du vieux curé pour qu'il approuvât la détermination de ses concitoyens furent inutiles, et il dut se retirer assez peu satisfait de la résis tance de mon ami.

— Si les autres habitants sont aussi résolus que lui, me dit le curé, voilà la lutte engagée.

L'évêché ne cédera pas ; il aura l'appui du gouvernement. Comment tout cela finira ? Dieu le sait ! Quoi qu'il en soit, il est urgent que vous partiez pour F. Ce que vous venez d'entendre vous met parfaitement en état de renseigner votre supérieur.

Après le dîner, je me disposai à quitter mon vieil ami. Il m'accompagna assez loin sur la route et me donna, avant de nous séparer, des conseils qui, si j'eusse pu les suivre, m'auraient épargné peut-être bien des chagrins et des douleurs.

En arrivant à F., je me rendis directement chez le père M... Mon entrée parut le surprendre.

— Vous avez reçu mes instructions ? me demanda-t-il sèchement.

— Je les ai reçues, mon père...

— Et vous quittez votre poste le jour même ?

— C'est que je puis vous apprendre tout ce

que vous me demandez et plus peut-être que vous n'en désiriez savoir...

Son front se plissa.

— Parlez, me dit-il avec impatience.

Je lui rapportai alors fidèlement ce qui s'était passé la veille sous mes yeux. Il ne pouvait se contenir dans son large fauteuil.

— Le niais! le poltron! s'écria-t-il involontairement lorsque je racontai la fuite à travers champs du curé de G.... Mais continuez, je vous prie; je vous écoute.

Au récit de la tentative de suicide, il fit un bond, se dressa comme s'il eût été mû par un ressort, et se mit à parcourir l'appartement à grands pas. Je compris qu'il ne voulait pas que je lusse dans l'expression de son visage les sentiments qui l'agitaient. Je suspendis ma narration. Au bout de quelques minutes, il vint se rasseoir et me demanda d'achever mon récit.

— Eh bien! me dit-il, que s'en est-il suivi

et quelle est actuellement la disposition des esprits?

Mon œil était attaché sur le sien lorsque je lui racontai que le curé avait disparu dans la nuit. — Il ne manifesta aucune inquiétude ; mais quand j'arrivai à la démarche de Thomas, quand je pus, grâce à une mémoire peu ordinaire, lui rapporter textuellement les paroles du fermier, les termes de la pétition, je le vis pâlir, sa lèvre trembla et il passa rapidement deux ou trois fois la main sur front. Enfin, il courba la tête et resta assez longtemps plongé dans de profondes réflexions.

— Monsieur, me dit-il, — il n'employait jamais cette expression dans le tête-à-tête, — c'est un immense malheur ! le fruit de nos travaux est perdu dans cette contrée. Soyez discret et laissez-moi.

Il était calme en prononçant ces mots. Son attitude respirait même, je dois le dire, une certaine dignité. Je le saluai et je me retirai. Quelques instants après, je le vis sortir : il se dirigeait vers la sous-préfecture.

Accablé d'ennuis, je sortis aussi. Je n'avais aucun but, et je marchais au hasard. L'église paroissiale se trouvait sur ma route : j'y entrai. Il était presque nuit close. Je mentionne ce fait, parce que, dans toutes les occasions de la vie, je suis à la merci des circonstances extérieures. L'excessive mobilité de mon esprit, l'exaltation de mon imagination me rendent plus accessible que personne à toutes les impressions qui peuvent me venir du dehors, et il suffit du plus léger incident pour modifier le cours de mes idées.

Une seule lampe brûlait au milieu de l'église; mais l'une des chapelles latérales était éclairée. Je m'agenouillai devant cette chapelle et, après une courte adoration, j'ouvris mon bréviaire, que je n'avais pas récité depuis plusieurs jours. La page qui s'offrit à ma vue contenait le *De Profundis*. Naturellement superstitieux, je fus frappé de ce hasard ; je sentis comme un cri de souffrance qui sortait de mon cœur.

— Oui, mon Dieu ! c'est du fond de l'abîme que je crie vers toi ; écoute ma prière, murmurai-je en joignant les mains et en les élevant vers la voûte du temple... Que tes oreilles soient attentives à la voix de ma supplication. Si tu as jeté les yeux sur mes iniquités, comment soutiendrai-je ta présence, ô mon Dieu !

Un frisson mortel me saisit et le froid pénétra jusque dans la moelle de mes os. Bientôt il me sembla que des étincelles jaillissaient de mes yeux et qu'une lueur phosphorescente se concentrait au milieu du front : elle illuminait ma tête. La vie s'était retirée des autres portions de mon corps, ou plutôt j'en avais perdu la conscience. Je n'existais plus que par ce

point où brillait la lumière. Ma volonté devint un être ; je ne le voyais pas, mais je le sentais : sous son influence, un rayon se détachait du faisceau phosphorescent, se projetait sur des horizons étranges et éclairait mille fantômes tour à tour souriants et terribles. . . . . . .
Enfin, j'éprouvai une secousse répétée. La lueur se replia lentement vers moi, rentra dans mon cerveau en décrivant des spirales, s'allongea sur mon cou, aiguë comme la pointe d'une flèche, puis bientôt pénétra dans toutes les parties de mon corps, dont je reprenais pour ainsi dire possession.....

C'était le bedeau qui, m'ayant trouvé affaissé sur moi-même, et me croyant endormi ou évanoui, m'avait soulevé à différentes reprises. Je le regardai avec surprise. Devant mes yeux, des étincelles se jouaient encore pareilles à celles qui pétillent autour d'un feu d'artifice.

Je priai le bedeau de m'aider à retourner

chez moi : je ne me sentais pas la force de marcher seul et sans appui. Durant toute la nuit, je fus en proie à des hallucinations continuelles.

Le lendemain, j'étais pris par une violente fièvre cérébrale.

C'était la seconde fois que m'atteignait cette terrible maladie. D'abondantes saignées m'affaiblirent à tel point que je perdis complètement la force de me mouvoir. Pendant deux jours entiers, ma raison m'abandonna.

Le père M., plutôt par prudence que par humanité, resta presque toujours auprès de mon lit. Me quittait-il, aussitôt il était remplacé par un autre père. Lorsque j'étais calme, une garde-malade veillait à mon chevet, mais elle avait reçu l'ordre formel d'avertir les pères aussitôt qu'il se manifestait le plus léger symptôme de délire.

Cette maladie m'a été bien fatale. Sans elle, j'aurais pu reprendre ma liberté.

Il paraît que dans mon égarement j'avais parlé de Marguerite, de mon inconnue, et aussi du bon et excellent vieillard que j'avais connu en Basse-Bretagne avant de me lier pour toujours. Souvent, dans mes discours décousus, j'avais fait allusion à des papiers par lui remis et que je ne devais ouvrir qu'après sa mort.

Je vais bientôt expliquer comment j'appris tout cela, et je montrerai un peu plus tard quelles ont été les funestes conséquences de mon indiscrétion involontaire.

Ma garde-malade avait tous les dehors d'une religieuse : l'air confit, le langage dévot et aussi la malignité des gens de cette sorte. J'appris d'elle que bon nombre de personnes s'étaient intéressées à mon état; entre autres, M. R..., l'indocile objet de nos tentatives de conversion. Le père M. avait refusé de le laisser parvenir jusqu'à moi, sous le prétexte, assez fondé du reste, que ma position était trop critique pour qu'on admît dans ma chambre des étrangers. M. R... n'en avait pas moins continué de s'informer de la marche de la maladie, jusqu'à ce qu'il eut la certitude que j'étais hors de danger.

Tous ces détails m'intéressaient vivement. Ma garde s'aperçut que je l'écoutais volontiers, et comme elle était aussi bavarde que femme au monde, elle ne me laissa pas chômer de caquets. Les affaires, assez embarrassées au surplus, des missionnaires étaient surtout le sujet favori de ses conversations.

Parlait-elle de son propre mouvement, ou bien était-elle chargée de sonder ma pensée ? je n'en sais rien.

D'après elle, M. R... était un véritable athée, qui cachait une conduite infâme sous les dehors de la bienfaisance et de la probité... On racontait de lui des horreurs... Ses mœurs étaient dissolues... Les honnêtes gens (les royalistes et le parti prêtre se donnaient modestement cette qualification à cette époque), les honnêtes gens, ne le voyaient plus. Ses fausses vertus n'abusaient plus que la populace, et Dieu sait le parti qu'il en tirait.

— Croiriez-vous ça? continua-t-elle. Au dernier sermon « de ces bons messieurs, » — elle désignait ainsi les missionnaires, — on a entendu des sifflets ; des gens de la lie du peuple chantent contre eux des couplets impies; on a été jusqu'à répandre le bruit abominable que le bon père G. avait des relations mondaines avec mademoiselle E. M... Tenez, monsieur l'abbé, toutes ces noirceurs sont fabriquées par M. R., qui, pour se venger d'avoir été mis *à quia* par le père M., paie des gens désordonnés pour causer tous ces scandales...

En cet endroit de son discours, ma loquace garde-malade fut interrompue par l'arrivée du médecin, qui recommanda le silence et le repos.

Tout affaibli que j'étais, ma tête travailla, et, dans mon bon sens, je compris que M. R. était étranger à toutes ces ténébreuses menées. De là à deviner qui les avait ourdies et dans quel but de vengeance, il n'y avait qu'un pas. *Is fecit cui prodest*, disent les légistes. A qui donc pouvait profiter la déconsidération de M. R. ? Je n'ai pas besoin de le dire.

Au fur et à mesure que mes forces revenaient ma raison se fortifiait : il me semblait que mon jugement était plus ferme et plus net, mon esprit plus pénétrant ; le cercle de mes idées s'élargissait, les choses ne m'apparaissaient plus sous le même aspect. J'examinais ma position et je m'en rendais compte sans être arrêté dans mon analyse par les scrupules qui naguère encore entravaient mon intelligence ; en un mot, j'osais penser et raisonner d'après moi-même...

Je me levais depuis quelques jours lorsque le père M... entra un matin chez moi. Quoiqu'il fut doué d'une grande force de volonté, — car c'était réellement un caractère vigoureusement trempé, — ses traits portaient l'empreinte d'une souffrance mal contenue.

— On se sert, me dit-il, de l'aventure (il nommait cela une aventure) du curé de la paroisse de G... pour nuire à la mission et aux prêtres en général. J'ai fait tout ce qui se peut imaginer pour quitter le pays avec les honneurs de la guerre; mais les scènes scandaleuses se renouvellent à toutes les prédications. Nous ne pouvons plus annoncer la parole de Dieu au pied des croix de mission sans être protégés par la force armée. Les agents du gouvernement sont d'un dévoûment à toute épreuve; mais que faire contre les manifestations d'une populace ameutée et soudoyée? Je pars pour Rennes; je rendrai compte à qui de droit de l'insuccès de mes efforts, et j'en indiquerai la cause.

Jusque-là, je l'avais écouté en silence; mais lorsque je l'entendis désigner M. R. comme l'auteur de ce qui se passait, à moi qui étais si bien convaincu du contraire, je ne pus maîtriser un imprudent mouvement de généreuse indignation.

— Mon père, m'écriai-je en l'interrompant, un chrétien ne doit aimer ni le mensonge ni la calomnie : vous n'ignorez pas que les causes du mécontentement de la population sont ailleurs que là où vous les cherchez...

Il fronça le sourcil, me toisa de la tête aux pieds, puis il croisa les bras et fixant ses yeux sur les miens, il me répondit avec lenteur, mais d'une voix sourde et frémissante :

— Le prêtre qui a porté la corruption dans la maison de Dieu, le prêtre qui a troublé les sens d'une pauvre vierge du Seigneur, est merveilleusement dans son rôle quand il s'établit le défenseur de l'impiété et de la corruption...

Et il me lança un regard féroce. J'en fus un instant troublé ; cependant, je répliquai avec assez de calme.

— Mon père, je fais acte de chrétien en ne tenant pas compte de vos outrages...

Il haussa les épaules et sortit sans me saluer.

Cette scène me fit un mal affreux. Je fus contraint de me remettre au lit ; cependant pas un seul de mes confrères ne vint s'informer de moi, me dire adieu avant le départ, qui eut lieu le soir même.

Pendant que j'étais incapable de veiller à mes affaires, on avait chargé une petite malle qui contenait une partie de mes papiers et quelques effets sur une des charettes de ces marchands d'images et de chapelets qui accompagnaient les missions. Je ne pus rentrer en possession de cette malle que cinq mois après... Elle avait été ouverte, fouillée et je ne retrouvai plus les papiers que m'avait envoyé mon protecteur de Basse-Bretagne.

Je manquerais de charité si je rendais publics les soupçons que je conçus à cette époque... Qu'il me suffise de dire que ce jour-là je perdis la possibilité de jamais conquérir mon indépendance...

Le curé de la ville vint me voir dès qu'il eut appris ma rechute. C'était un bon prêtre plein de charité et d'amour du prochain. Il ne me parut pas fâché du départ de mes confrères.

Il y a, je dois le faire remarquer en passant, il y a certainement dans le clergé des hommes dignes de leur sainte mission en plus grand nombre que le siècle ne paraît disposé à le croire. Le curé de F... était un de ces respectables ministres du Seigneur. Il me consola, me prodigua ses soins. S'il vivait encore, je serais heureux de lui offrir ici ce témoignage de ma reconnaissance... Mais, à quoi bon? il ne lui parviendrait pas ; car la lecture de ces Mémoires sera interdite à mes confrères.

Le père M. en quittant F. m'avait laissé sans argent ; j'étais fort embarrassé et ne savais à qui m'adresser. Sur ces entrefaites M. R. vint me visiter et me montra tant de bienveillance et d'intérêt que je me déterminai à lui exposer mon état de détresse. Aussitôt, cet excellent homme m'offrit sa bourse avec une simplicité si affectueuse que je ne rougis pas d'y puiser. Les honoraires du médecin, les mémoires de la garde furent soldés : le père M. quoique détenteur de la caisse générale n'avait pas payé un sou de ces dépenses.

Ainsi, c'était l'incrédule qui se montrait charitable, tandis que mes confrères m'abandonnaient. La parabole du Samaritain de l'Évangile me revint à la mémoire...

J'appris peu de temps après, par une lettre de mon vieil ami le curé, les résultats de la pétition des habitants qui avaient chassé leur pasteur. Le procureur du roi s'était transporté sur les lieux avec la gendarmerie; il avait ouvert une enquête, mais il n'avait pas tardé à renoncer aux mesures de rigueur qu'il était disposé à employer au moment de son arrivée. Des faits si graves, si patents, lui furent révélés, qu'il ne songea plus qu'à étouffer l'affaire. A cette époque, le clergé ne devait jamais avoir tort. Le maire donna sa démission; les conseillers municipaux imitèrent son exemple; personne ne voulut les remplacer, et la commune se trouva sans maire et sans curé. Il fut plus facile de se procurer un desservant que de reconstituer l'administration municipale. Le prêtre qu'envoya l'évêché trouva toutes les portes fermées;

les protestations des habitants recommencèrent et l'autorité ecclésiastique s'obstina à maintenir sa décision. Bref, le curé resta, mais il chanta sa messe dans une église déserte et vécut seul au milieu d'un bourg très peuplé. Je sus plus tard que le bon vieillard chez lequel j'avais reçu l'hospitalité avait été admonesté et enfin suspendu de ses fonctions, parce que les paroissiens de G. qui voulaient encore entendre la messe se rendaient à son église, quoiqu'elle fût à plus d'une lieue de leur domicile. Si le temps l'eût permis, il est certain que la majorité de la commune aurait embrassé le culte protestant.

Au surplus, mes préoccupations personnelles et mon éloignement du pays ne m'ont pas permis de connaître les résultats définitifs de cette affaire.

XIII

Un ordre sec et bref ne tarda pas à me rappeler à Rennes. Je vis M. R... avant mon départ. Je regrette de ne pouvoir rapporter notre dernier entretien : la feuille sur laquelle je l'avais transcrit dans le manuscrit où j'avais coutume d'écrire chaque soir les évènements de la journée, est tellement maculée qu'il m'a été impossible de la lire.

L'évêché eut ma première visite, à mon arrivée. L'accueil que me fit un grand-vicaire fut tellement blessant que je résolus d'aller trouver l'évêque pour meplaindre de l'abus qu'on faisait vis-à-vis de moi d'une autorité que je commençais à ne plus accepter en courbant un front résigné.

L'évêque ou plutôt monseigneur — les disciples de Jésus-Christ l'appelaient maître—parut surpris de mon audace. Cependant il sembla s'adoucir ensuite, et il finit par me dire que ma vie antérieure « avait profondément affligé ses entrailles paternelles. »

— Je vous défends, ajouta-t-il, de vous présenter à l'avenir au couvent des sœurs... Faites vos préparatifs pour aller au couvent de la Trappe racheter, par le jeûne et les mortifications, les péchés scandaleux dont vous vous êtes rendu coupable.

Je restai un instant atterré. Je voyais toute l'étendue de ma misère; mais l'orgueil me fit dresser la tête. Je regardai fièrement l'évêque, et je lui répondis :

— Monseigneur, c'est mon devoir : j'obéirai; mais je proteste de toutes les forces de mon âme contre la mesure violente dont je suis la victime !

Un profond étonnement se peignit sur la figure de mon supérieur. Il entr'ouvrit la bouche pour répliquer ; mais, changeant tout à coup de résolution, il saisit le cordon de la sonnette, qu'il ébranla vivement :

— Faites sortir ce prêtre de mon palais épiscopal, s'écria-t-il à la personne qui se présenta; puis il s'éloigna majestueusement.

Tout mon sang reflua de mon cœur à ma tête, et je me sentis saisi d'une aveugle fureur. Je ne sais à quelles extrémités j'allais me porter, lorsque la voix de l'exécuteur des hautes-œuvres de l'évêque me rappela à moi-même.

— Vous avez compris ce que vous a commandé Monseigneur ?

— Oui, je l'ai compris, répondis-je avec hauteur, et j'en garderai le souvenir.

Cela dit, je sortis précipitamment.

J'avais quelques connaissances dans la ville; je me rendis chez celle dont le nom se présenta le premier à mon esprit. La personne qui me reçut fut frappée de ma pâleur.

— Qu'avez-vous donc, monsieur l'abbé ? me demanda-t-elle.

— Je viens d'apprendre ce qu'est la justice des prêtres, répliquai-je ; et je lui fis part de ma disgrâce.

Je m'adressais à un homme haut placé et en contact fréquent avec les dignitaires de l'évêché.

— Je suis fâché, me dit-il, que vous ne m'ayez pas averti à temps de la démarche que vous alliez tenter : je vous en aurais dissuadé.

Le père M. veut vous éloigner. Il a plus d'influence qn'il n'en faut pour cela ; car, vous devez le savoir, les pères de la foi (les jésuites) dirigent toutes les affaires du clergé à leur fantaisie, soutenus qu'ils sont par la cour de Rome et par le gouvernement. Vous n'avez donc d'autre parti à prendre que de vous rendre à la Trappe : peut-être votre réclusion ne sera-t-elle pas de longue durée.

J'étais encore sous l'influence de la colère ; je regimbai contre ce conseil.

— Écoutez-moi, ajouta le fonctionnaire, et vous comprendrez, quand vous serez plus calme, que je ne vous demande rien qui ne soit conforme à vos véritables intérêts... Résistez, au lieu de céder, et bientôt vous verrez votre impuissance. Dès à présent, si cette affaire s'ébruitait, vous ne trouveriez pas un visage ami, pas une personne qui voulût vous recevoir. Fussiez-vous en état de vivre indépendant, que vous n'auriez ni trêve ni repos. Vous, résister ? Mais vous n'y songez pas ! Vous seriez écrasé à l'instant même où vous l'essaieriez. Avez-vous déjà oublié que vous avez été employé comme prêtre auxiliaire dans les missions? Ne savez-vous pas que le clergé gouverne la cour, les ministres et par eux, tous les fonctionnaires publics? N'avez-vons donc pas appris qu'aujourd'hui ce ne sont pas les mœurs, l'intelligence, le talent qui font la valeur d'un homme, mais la protection cléricale ? Tenez, voulez-vous un exemple récent? Le journal de Rennes avait commencé à rendre compte de faits scandaleux qui se sont passés dans une paroisse de l'arrondissement de F... On lui a intenté un procès, et, quoiqu'il n'ait dit que la vérité, il sera condamné. Eh bien ! en conscience, quand la puissante voix de la presse est forcée de rester muette, est-ce à vous, simple prêtre, de prétendre lutter avec succès contre la décision de votre évêque ?...

Je fus contraint de reconnaître la justesse de ces observations, mais l'idée d'être emprisonné à la Trappe me faisait frémir.

— Ne vous effrayez pas trop, continua mon bienveillant conseiller ; comprimez votre indignation. Un jour viendra où vous pourrez recouvrer la liberté. Les pères de la foi sont audacieux, mais l'audace ne réussit pas toujours en politique. La France est mécontente ; le peuple est difficile à museler ; il n'a pas une patience angélique : qui sait ce que nous réserve le réveil de sa colère ?...

Il était tout disposé à épancher son cœur dans le mien, lorsqu'on lui remit une lettre. Il pâlit en la lisant.

— Tenez, Monsieur l'abbé, me dit-il, Corbière, que j'ai connu ici petit avocat, tranche du grand seigneur avec moi comme l'a fait votre évêque avec vous : il me signifie un changement de résidence qui équivaut à une disgrâce. Vous le voyez, il n'y a pas que les petits prêtres qui soient maltraités aujourd'hui, et personne ne peut se flatter d'être à l'abri par le temps qui court!...

De retour à mon ancienne habitation, je dus m'occuper de mon départ; mais il m'était impossible de fixer mon attention sur quelque sujet que ce fût. Un projet me traversait l'esprit, et aussitôt un autre venait le remplacer. J'allais, je venais; tous mes effets étaient épars et en désordre, comme mes idées. J'entendis des chants, j'ouvris ma fenêtre : une procession se rendait à la Croix de Mission. De longues files de jeunes filles, des congréganistes de l'un et de l'autre sexe, bon nombre de fonctionnaires publics, ensuite le cortège des prêtres et le dernier, le grand vicaire, qui m'avait si mal reçu. Je refermai la fenêtre avec colère et je me jetai sur mon lit. Ces chants qui parvenaient jusqu'à moi me causaient une affreuse douleur ; je me bouchai les oreilles pour ne plus les entendre.

J'étais dans cet accablement, lorsqu'une femme qui habitait la même maison que moi vint réclamer mes soins pour un ouvrier malade.

— J'ai été chercher un autre prêtre, me dit-elle. Il a refusé de venir à cause de la cérémonie d'aujourd'hui ; mais je crois que ce n'est pas là la véritable cause de son refus. L'homme qui est à l'article de la mort n'allait point à la messe ; et, depuis qu'il ne peut plus travailler, les dames de charité n'ont pas voulu accorder les secours dont sa femme et ses enfants avaient besoin. Comme c'est un brave homme, nous nous sommes cotisés entre nous dans la maison pour leur donner au moins du pain.

Je suivis cette femme. Avant d'entrer, elle me pria de dire au malade que je venais, non pas en qualité de prêtre, mais à titre de voisin,

L'intérieur de la maison offrait la misère sous son plus déplorable aspect !.... Peu de meubles, une femme mal vêtue et en larmes, deux petits enfants qui se roulaient sur le sol.

Le malade n'était pas encore si près de la mort que me l'avait déclaré la voisine : son excessive maigreur, ses yeux caves, mais encore brillants l'avaient sans doute effrayée.

Je me plaçai sur un banc au chevet du lit, et j'adressai au malade les paroles de consolation que mon âme désolée put trouver. L'ouvrier me répondit d'une voix assez ferme :

— Tenez, Monsieur l'abbé, je sais bien que je vais faire le saut. Si la femme et les enfants avaient du pain, ça ne me ferait pas de peur; mais voyez, ajouta-t-il, en allongeant péniblement son bras décharné vers sa femme et ses enfants, voyez si je ne dois pas craindre la mort...

Il laissa retomber sa tête sur son oreiller de

paille, et ses yeux se remplirent de larmes.

Un cri s'éleva de mon cœur ; il me sembla deviner que cet homme allait plutôt mourir de besoin que de maladie. Je courus à ma chambre ; j'en rapportai du vin, une soupe que je n'avais pu prendre moi-même et j'essayai d'en faire avaler au malade. A ma grande satisfaction, il en prit plusieurs cuillerées qu'il parut savourer avec plaisir, but une faible quantité de vin, puis, me montrant sa famille, il me pria de lui donner le reste.

— Cela vous fait-il mal ? lui demandai-je avec émotion.

Il secoua faiblement la tête et laissa tomber sur le vase un regard dans lequel se peignait le désir combattu de manger encore... Les deux enfants étaient à mes genoux et tendaient leurs petites mains vers moi.

— Mon Dieu ! ces enfants sont affamés ; et

vous, pauvre mère, dis-je en m'adressant à la femme, vous avez faim ?

Elle se couvrit le visage d'un mauvais haillon qui lui servait de tablier et se mit à sanglotter.

— Oh ! vous aurez du pain, m'écriai-je en pleurant moi-même... Tenez, tenez, pauvre femme...

Et je lui donnai tout ce que j'avais dans mes poches. Mon dîner fut apporté et disparut en un clin-d'œil. Le malade reprit encore un peu de bouillon et de vin. A la grande joie de sa famille, il put se soulever sur le coude pour recevoir les caresses de sa femme et de ses petits enfants... En les voyant ainsi, je ne me sentais plus malheureux.

La force était revenue au malade ; il m'avoua qu'il mourait de besoin, et volontairement.

— Je ne vous comprends pas, lui dis-je.

— C'est bien simple, me répondit-il. Je suis

charpentier de mon état; ma maladie est la suite d'une chute; j'ai eu le genou brisé... J'ai senti que je ne pourrais plus travailler et que je deviendrais à charge à ma famille, dont je suis le seul soutien. Ma guérison doit être longue; ma femme ne peut rien gagner, parce qu'elle est assez occupée de ses deux enfants et de moi. Comme j'ai travaillé quelquefois le dimanche pour amasser quelques sous en sus de ma semaine, on m'a fait la réputation d'un impie : aussi ma femme n'a pas trouvé de secours. Puisque c'était à moi qu'elle devait ce refus, je me suis dit : quand je serai mort, ils auront pitié d'une pauvre mère et de deux petits enfants; ils leur donneront de quoi vivre, tandis que c'est fini pour eux si ma maladie dure encore quinze jours... Car vous comprenez, monsieur l'abbé, que ce n'est pas le morceau de pain que nous devons à la charité de nos voisins, aussi pauvres que nous, qui peut soutenir trois personnes.....

Quoique sorti des régions inférieures de la société, je n'avais jamais vécu dans l'intimité du peuple. Je fus épouvanté de tant de misère et profondément touché de cette bonté, que dis-je? de ce dévouement sublime dont aucune des classes plus ou moins élevées, au milieu desquelles j'avais passé ma vie, ne m'avait offert l'exemple. Je comparai le peuple à tout ce que j'avais vu et j'appris à l'estimer. Oh! quelle différence entre ce pauvre artisan mourant de faim pour sa famille, et moi qui avais oublié la mienne aussitôt que je n'avais plus eu besoin de son appui.

Serait-il vrai que les nobles qualités de l'âme et de l'esprit se flétrissent au contact de l'aisance et de la richesse? Est-ce que la possession des jouissances matérielles étouffe nécessairement en nous le désir des pures jouissances du cœur? En y réfléchissant davantage, j'en vins à trouver injuste que la société fût ainsi divisée : d'une part, l'oisif à l'abri de la misère et des souffrances qu'elle amène à sa suite ; de l'autre, le travailleur exposé chaque jour aux accidents et à la maladie.

Je me sentis fier d'appartenir au peuple, moi aussi. La sainte abnégation du père de famille m'enseigna la conduite que je devais suivre ; l'idée de mon exil à la Trappe ne m'effraya plus, et je songeai à faire preuve de résignation, la seule vertu qui me fût permise dans ma position. Je me trouvais seul, sans femme, sans enfants, n'ayant à m'occuper que de moi-même ; le malheur me frappait, et, comme un lâche, je courbais la tête. J'eus honte de moi tout d'abord, mais je me relevai dans mon estime en acceptant sans murmure le sort qui m'attendait.

Je donnai à la malheureuse mère de famille

une lettre pour une dame riche dont je connaissais la générosité, et je me décidai sérieusement à gagner le lieu de ma réclusion. J'écrivis au grand vicaire pour lui exprimer mes sentiments de soumission et l'avertir que j'étais prêt à partir.

Le soir même, je reçus un paquet cacheté à l'adresse du directeur de la Trappe, et je me mis immédiatement en route.

Le cœur de l'homme est un abîme insondable. Ce que j'acceptais quelques instants auparavant avec résignation me parut, à peine hors des murs de la ville, une prison horrible à laquelle j'étais condamné par le plus inique des juges. Vingt fois je fus sur le point de revenir sur mes pas pour protester publiquement contre l'injustice qui me frappait, mais toujours je fus retenu par la timidité naturelle de mon caractère et par les habitudes d'obéissance qu'avait prises mon esprit. J'allais ainsi tiraillé par les pensées les plus contraires, marchant en avant comme par instinct et sans que ma volonté me conduisît.

Mon Dieu ! que l'homme qui se trouve absolument isolé, sans appui, est faible quand il faut lutter contre l'oppression. Il souffre dans son amour-propre, dans son orgueil, par son cœur et par son esprit ; il souffre, et la désespérante conscience de sa faiblesse pourrait le conduire à la folie ou au suicide. En quelques mois ma raison avait acquis plus de maturité que pendant les années de ma vie déjà écoulées : c'est que j'avais été me heurter contre une force implacable ; c'est que j'avais été contraint d'analyser ma faiblesse et ma misère. En me courbant encore je cédais à la nécessité ; mais ma volonté se révoltait en secret, et si j'eusse entrevu un seul moyen d'échapper, quelque périlleux qu'il eût été, je l'aurais tenté ; mais j'avais beau tendre tous les ressorts de mon esprit je ne trouvais rien, absolument rien.

Plus malheureux que les misérables renfermés dans les bagnes, déchiré dans toutes les parties sensibles de mon être, j'avançais toujours. Ma démarche hésitante, la pâleur de mon visage m'attirèrent plus d'un regard d'étonnement ou de commisération. Enfin, je me laissai tomber sur un morceau de cailloux, et je me mis à réfléchir et à pleurer.

— Me voilà enchaîné pour la vie, me disais-je ; quoi que je veuille ou que je fasse, il me faudra vivre en portant mes fers. Honte à ma faiblesse ! Un avenir paisible pouvait m'être réservé, et j'ai tout perdu parce que j'ai manqué de volonté...

Ma main frappait ma poitrine ; ma confiance en Dieu m'abandonnait; je ne croyais plus qu'à une déplorable fatalité dont j'étais la victime...

Les douleurs excessives ne sont jamais de longue durée, et c'est un bonheur, car les forces humaines n'y suffiraient pas. Je repris ma route accablé, il est vrai, mais moins agité par mes cruelles pensées. Bientôt j'arrivai dans un gros bourg et j'entrai dans la première auberge que je rencontrai. Je gagnai immédiatement ma chambre, je me couchai sans prendre aucune nourriture, et je m'endormis profondément.

A mon réveil, je me trouvai plus calme et plus résigné, mais en même temps je sentais mieux peut-être l'immensité de mon infortune. De temps à autre cependant une lueur d'espérance venait me consoler; je rêvais une délivrance impossible, et ces douces illusions donnaient trêve à la douleur. . . . . .

J'arrivai à la Trappe, je remis mon paquet cacheté, et je fus admis sur-le-champ. L'aspect lugubre du couvent, l'austérité des sentences qui décoraient les murs, en un mot tout ce qui venait frapper mes yeux produisit sur moi une si pénible impression que je me jetai à demi mort sur le misérable grabat qui se trouvait dans ma cellule.

Les notes de l'évêché devaient être bien défavorables, car je reçus du supérieur un aussi mauvais accueil que si j'eusse été le dernier des hommes.

Je pleurai, je gémis, je me tordis dans les angoisses du désespoir, et ce fut à l'épuisement de mes forces que je dus quelque repos, car je n'entendis pas une parole amie, je ne vis pas un visage humain. On me laissa absolument seul, sans même s'occuper de ma nourriture, comme si j'étais condamné à mourir de faim.

Oh ! l'isolement, la solitude, affreux martyre inventé par des bourreaux sans entrailles !....

Les premiers jours que je passai au couvent de la Trappe furent empreints d'une si profonde terreur que je renonce à peindre ce que je ressentis.

Mon accablement douloureux et morne fit place au calme : je pus réfléchir.

— Que suis-je donc, me demandais-je, pour que l'on dispose ainsi du peu de jours qui me sont réservés sur la terre? L'existence d'un homme a-t-elle été donnée à un autre homme en apanage? Qu'est-ce donc que cette organisation sociale qui livre à quelques privilégiés le sort de tant de milliers de créatures sorties de la main de Dieu? Chacun n'a-t-il pas le droit de vivre? Pourquoi donc mon existence est-elle à la merci du caprice de ces hommes qui m'ont garrotté dans les liens forgés par eux? Pourtant, comme eux, je sens, je pense, je veux....

A ces heures d'amères réflexions succédaient des heures de rage et de désespoir, et je jetais l'anathème sur moi et je maudissais jusqu'à Dieu !.. Oui, la malédiction contre l'Etre divin est sortie de ma bouche...

— Tu me le pardonneras, ô mon Dieu ! toi

qui connais ma faiblesse, toi qui as pénétré dans mon cœur et qui as vu les affreuses tortures qui ont déchiré mon âme, tu me le pardonneras !...

Quel crime avais-je commis pour qu'on me livrât à de pareilles angoisses ? N'étais-je pas un des enfants du monde? Puisque Dieu m'avait convié, en me donnant l'existence, au banquet de la vie, pourquoi la coupe qui s'est approchée de mes lèvres n'a-t-elle jamais contenu que du fiel, pendant que tant d'autres épuisent celle des jouissances ? Oh ! il y a une autre vie ! autrement, mon Dieu, je ne comprendrais pas ta justice, je ne croirais pas à ta bonté ; tu serais pour moi le Dieu inique, le Dieu capricieux, le Dieu aveugle !

Voulais-tu que j'aimasse, toi qui m'as donné un cœur rempli de tendresse ?... Cependant, aux yeux des hommes, l'amour fut mon crime... Voulais-tu que je fusse libre, toi qui m'as donné le sentiment de la liberté?... Cependant, pas une de mes pensées n'a pu se manifester, pas une de mes actions n'a pu se produire sans entraves. Ah ! maudit soit le jour où je suis né ! Que les institutions humaines soient maudites ! Elles ont épuisé les forces de mon intelligence, l'énergie de mon âme et les larmes de mes yeux !..,

Les transports qui m'agitaient avaient une telle violence que le désir immodéré du crime surgissait en moi, et me semblait une légitime vengeance. L'idée d'incendier le couvent me vint plusieurs fois à l'esprit ; je jouissais en me représentant mes geôliers se débattant dans les flammes et expirant dans d'atroces tourments. J'étais fou, fou à lier. Je criais, je hurlais dans ma prison, et ma voix se perdait dans l'espace sans éveiller d'écho ; puis bientôt je tombais écrasé sous le poids de mon impuissance.

Telle fut mon existence pendant je ne sais

combien de temps, car je ne comptais plus les jours. La faiblesse l'emporta ; je n'eus plus la force de me mouvoir, de penser ; j'étais épuisé de corps et d'esprit. Mes idées devinrent confuses. Je voyais s'agiter autour de moi des spectres en habit de moines récitant des prières et ricanant sans pitié pour mes douleurs....

Je frémis encore en me retraçant les épouvantables fantômes qui peuplaient mon cachot. Non, l'enfer n'a rien de comparable au supplice de ces jours de misère....

Cependant, je restais seul, toujours seul, livré au paroxisme du désespoir, seul comme si la terre n'eût plus eu d'habitants, plus de pitié, plus d'amour.... Et les hommes qui m'environnaient se disaient chrétiens!... Que Dieu leur pardonne ce blasphème !...

Tout ce qui se passe parmi les prêtres est imprévu et mystérieux ; on dirait que ces gens-là ne sont sortis que d'hier des sanctuaires de l'Egypte. Tout-à-coup je me vis, à mon grand étonnement, entouré de soins, silencieux encore, il est vrai ; mais du moins je n'étais plus livré à cet horrible abandon qui tue l'homme. Ma nourriture devint meilleure ; on mit des livres pieux à ma disposition et ce qui me fit le plus de plaisir, des plumes et du papier.

Je crois l'avoir déjà dit, j'avais contracté depuis longtemps l'habitude d'écrire chaque soir ce que j'avais vu ou éprouvé dans le cours de la journée, et cette habitude était devenue pour moi un véritable besoin.

L'amélioration apportée à mon sort permit à mon imagination de se calmer et à ma raison d'agir. Je revins naturellement à l'examen des causes de ma disgrâce.

Quand nous jugeons un évènement de prime-abord, nous ne le voyons d'ordinaire que sous une de ses faces ; mais quand plus tard, réunissant toutes les circonstances, nous les groupons autour du fait principal, alors la lumière éclate et si nous n'atteignons pas la vérité tout entière, du moins en approchons-nous de bien près.

En réfléchissant de sangfroid, je pressentis que l'enlèvement de ma malle par le père M. n'avait pas été l'effet du hasard. Il y avait dans cet accident quelque chose dont je ne pouvais comprendre encore la portée, mais qui devait m'être révélé tôt ou tard. La découverte de ma liaison avec Marguerite ne pouvait être la seule cause de la rigueur excessive dont on avait usé envers moi. Ces liaisons sont assez fréquentes dans le clergé, et jamais elles ne sont aussi sévèrement punies : témoin le curé corrupteur dont j'ai parlé, qui en avait été quitte pour une retraite momentanée dans un séminaire.

La recherche des causes véritables de ma disgrâce m'occupait assez pour donner lieu de croire à ceux qui venaient m'observer par une ouverture pratiquée au plancher supérieur de ma cellule, que la crise était passée et avait cédé la place au calme et à la résignation. Il me fut permis de descendre au jardin et de me promener dans le cimetière, où la fosse toujours béante rappelle incessamment aux trappistes « qu'il faut mourir. »

J'avais profité des leçons du séminaire, et je voulus épier tout ce qui se passait dans cette maison silencieuse; en conséquence, je m'assujétis à tous les exercices, aux offices et aux prières de nuit. Je sus si bien me composer, que j'écartai de moi la défiance. J'acquis ainsi la certitude que si la plèbe monacale restait étrangère aux choses du monde, il n'en était pas de même des supérieurs. Les journaux leur parvenaient par des voies inconnues, et la politique prenait tout le temps qu'ils ne consacraient pas à poser devant leurs inférieurs ou devant les étrangers qui venaient en assez grand nombre visiter le couvent. Les missives se succédaient ; la maison semblait être un centre d'action tout aussi actif que le château de ma vieille comtesse pendant les années néfastes qui précédèrent la Restauration. On s'occupait beaucoup des intérêts terrestres, et particulièrement du chapitre des donations pieuses.

Partout où mon œil sondait la vie intérieure du clergé, je devais donc retrouver la même avidité et le même esprit de domination?

XIV

Je commençais à retomber dans mon premier accablement, lorsqu'un incident étrange vint réveiller mon esprit engourdi. Plusieurs voitures étaient arrivées au couvent ; elles contenaient des visiteurs des deux sexes. Je ne sais comment j'appris qu'ils appartenaient à la haute société de la province. Un désir curieux s'empara de moi, et je cherchai à les voir : un des frères convers chargés du réfectoire des étrangers m'en offrit involontairement l'occasion. Soit qu'il se trouvât fatigué, soit qu'il fût malade, toujours est-il qu'il ne put faire son service, et je pris sa place sans songer que je contrevenais à la règle de la maison.

Au moment où je déposais un plat sur le tour qui communiquait avec le réfectoire, je rencontrai les yeux d'une jeune personne qui semblaient fixés sur moi ; je la vis changer de couleur, puis poser un doigt sur sa bouche, comme pour recommander le silence.

Etait-ce à moi que ce signe s'adressait ? Je regardai autour de moi : j'étais seul. Je reportai mes regards sur la jeune fille : sa tête n'était plus tournée de mon côté ; mais je remarquai distinctement que sa main gauche, qu'elle promenait sur son cou, contenait un papier plié en forme de lettre.

Un trouble extrême me saisit. Je quittai l'office : ma pâleur et le frisson qui m'agitait me servirent d'excuse. Aussitôt je gagnai une cellule qui s'ouvrait sur la cour dans laquelle on avait introduit les visiteurs.

Un homme âgé sortit du réfectoire; il s'appuyait sur le bras de la jeune personne qui m'avait montré un papier. Je m'avançai à l'étroite lucarne de la cellule, et j'essayai d'attirer l'attention de la promeneuse. Ce fut chose facile. Elle sortit de son sein le billet que j'avais déjà vu. Il n'y avait plus de doute possible; c'était bien à moi qu'il s'adressait.

Je perdis la tête, et, au mépris de la discipline, j'entrai dans la cour.

La jeune personne l'avait probablement prévu : au moment où je m'approchai d'elle, elle se détourna pour me laisser le passage libre et prit une autre direction; mais le billet était à mes pieds : je le ramassai sur-le-champ sans trop savoir ce que je faisais, et je courus me renfermer dans ma cellule.

Que devins-je, mon Dieu ! lorsque je reconnus l'écriture de la femme qui avait entretenu avec moi une si singulière correspondance pendant mon vicariat de F. et que j'avais laissée dans le couvent de Marguerite. Un nuage passa devant mes yeux, mes oreilles bourdonnaient, et je me sentais trembler de tous mes membres. Je vis ma cellule tourner, mon lit suivre ce mouvement, ma table et ma chaise s'agiter ; mes jarrets fléchirent, et je tombai sur le plancher. Au même instant le sang me jaillit du nez avec une abondance extraordinaire, et je m'en trouvai bientôt inondé... Je tenais toujours serré dans mes doigts contractés le précieux papier.

J'ignore si quelqu'un m'observait par l'ouverture du plancher; quoi qu'il en soit, j'entendis un léger bruit de pas dans le corridor. Je me redressai soudain, et j'eus le temps de cacher mon billet avant qu'on entrât dans la cellule.

C'était un des pères. Il me considéra en silence ; puis, portant les yeux sur la mare de sang, il resta quelques instants dans l'attitude de la réflexion ; enfin, il me demanda laconiquement ce que j'avais.

— Un étourdissement, suivi d'une hémorragie, lui répondis-je.

Il ne parut pas convaincu ; peut-être s'imaginait-il que j'avais voulu attenter à mes jours. Cependant il me montra du doigt mon lit et sortit.

J'étais complètement revenu à moi ; mais je n'osais lire le billet : je craignais le retour du père. Il rentra, en effet, peu après, lava le plancher, examina mon visage, mit un vase plein d'eau à ma portée et se retira sans proférer une seule parole, sans même que ses traits manifestassent la plus légère émotion.

Je me glissai vers la fenêtre, et courbant mon corps pour que du plancher supérieur on ne pût voir ma tête et mes mains, je dépliai lentement le papier froissé et je lus ces quelques lignes :

« Il est essentiel que vous quittiez au plus « tôt le couvent. Rendez-vous à L..., rue..., « n° 41. Vous saurez là ce que vous avez à « faire.

« Ayez confiance. »

Le billet n'était pas signé ; mais l'écriture m'avait déjà révélé celle qui me l'adressait. Je ne m'en trouvai pas moins dans une étrange perplexité.

Devais-je me remettre à la disposition de cette femme qui s'était jetée entre Marguerite et moi?..

— Mais, en même temps, pensai-je, de quoi se vengerait-elle ? Quel moyen trouverait-elle qui fût plus cruel que celui dont on s'était servi contre moi ?...

En somme, mon infortune était trop grande pour craindre qu'une femme qui m'avait aimé pût augmenter mon malheur, et mon parti fut bientôt pris. Je plaçai mon manuscrit sur ma poitrine; je l'y assujétis avec ma ceinture; je fis un léger paquet des objets les plus essentiels qui m'appartenaient et jetant de côté l'odieux habit de moine, je revêtis ma soutane. Je me mis ensuite à réfléchir à la manière dont j'exécuterais mon évasion.

Il était environ huit heures du soir. Mes préparatifs étaient achevés et mon plan arrêté. Ma cellule donnait sur une cour intérieure qui longeait les bâtiments de réserve et conduisait à l'entrée du jardin, dont les murs étaient fort peu élevés. Une fois dans cet enclos, il me devenait facile d'escalader le mur et de gagner la grand'route.

J'avais tout prévu, et le succès me paraissait certain.

Mon frac de moine fut caché sous la couverture du lit; le capuchon, rempli de paille et tourné du côté de la muraille, pouvait laisser croire à ma présence. On me croirait endormi, et je savais qu'on passerait en silence et sans chercher à m'éveiller.

La descente dans la cour s'effectua sans accident. Après avoir écouté quelques instants, je me dirigeai vers la porte du jardin ; elle était fermée, mais je m'y attendais. J'élevai dans l'angle formé par le bâtiment et le mur du jardin un monceau de pierres et de bûches. Ce travail me prit plus d'une heure. La sueur coulait de mon front, et mon cœur battait avec autant de violence que si je me fusse préparé à commettre un crime. Enfin, du haut de mon échafaudage, j'atteignis la crête du mur, en appuyant mes pieds dans les interstices des pierres, et je parvins à m'asseoir à cheval.

Je restai là un instant, replié sur moi-même ; le souffle me manquait et mes forces étaient épuisées. Mon oreille percevait les plus légers bruits; je n'osais respirer. La nuit était profonde, mais calme.

Un nouvel effort m'introduisit dans le jardin.

J'écoutai encore avant d'avancer, puis je m'aventurai dans la direction de la partie de la muraille que je savais être la moins élevée. Par une de ces erreurs dans lesquelles on tombe si aisément quand on marche dans les ténèbres, je déviai de la route que je devais suivre et je sentis tout-à-coup le sol manquer sous mes pieds... J'étais dans le cimetière, et je venais de tomber dans une fosse assez profonde.

Cette découverte me fit tressaillir. Ma chute ne m'avait causé aucun accident, cependant je tremblais comme la feuille.

En sortant de la fosse, je m'orientai de mon mieux. Les constructions du couvent qui se détachaient en noir sur le fond du ciel me servirent de guide et m'indiquèrent la véritable direction.

En ce moment la cloche appelait les moines à l'office du soir. Au lieu de m'effrayer davantage ce bruit contribua à me rassurer. Je marchais lentement lorsque tout-à-coup je crus entendre quelqu'un s'avancer vers moi. Saisi de la crainte d'être découvert, je me mis à fuir à toutes jambes et j'allai me heurter le front contre un arbre avec une telle violence que je tombai à la renverse. Je me crus perdu ; mes oreilles tintèrent comme la cloche, mes yeux se fermèrent et je m'évanouis. . . . .

Lorsque je revins à moi, le jour paraissait. Une pluie abondante m'avait trempé jusqu'aux os. Mes dents claquaient les unes contre les autres, et j'eus besoin de faire un énergique effort de volonté pour me décider à me remettre sur pied. Le mur était à dix pas de moi : je me traînai jusque là ; mais, quoiqu'il fût peu élevé, je ne me sentis pas la force de l'escalader.

J'étais là debout, jetant un regard inquiet vers la porte d'entrée du jardin et ne sachant que devenir. Je faisais cependant de nombreuses tentatives pour gravir la muraille : je m'élevais de quelques pieds, puis mes doigts lâchaient prise et je retombais sur le sol. Enfin mes membres reprirent de l'élasticité, l'exercice me rendit un peu de chaleur, et un nouvel et plus heureux effort m'amena enfin sur le mur. Je me laissai alors glisser au milieu des ronces qui croissaient au pied : j'étais sauvé.

Je me relevai les habits, le visage et les mains déchirées, et je pris ma course d'un pas ferme. Ce fut en ce moment seulement que je m'aperçus que j'avais laissé mon tricorne dans le fossé ou dans le jardin.

Le soleil s'était levé ; j'entendais le chant du coq; il devenait urgent de m'éloigner. A ma gauche était une maison de petite apparence ; je me dirigeai de ce côté. J'avais besoin de secours et je ne pouvais aller en chercher plus loin.

Une vieille femme sortait de la chaumière portant un vase pour aller traire ses vaches. Je la suppliai de me donner un asile. Quoiqu'un peu effrayée au premier abord, elle consentit cependant à me recevoir ; elle alluma du feu et je pus me ranimer. Je lui fis le premier conte venu pour justifier mon désordre, et elle y ajouta pleinement foi : ne portais-je pas l'habit ecclésiastique ?

Ma bonne hôtesse me donna à changer de linge et me proposa de m'étendre sur le lit qu'elle venait de quitter. Je m'endormis d'un sommeil agité. A mon réveil, je me sentis mieux. Un morceau de pain bis que je dévorai et une jatte de lait achevèrent de réparer mes forces ; mais mon visage était si maltraité que je n'osais m'exposer aux regards des paysans qui, par égard pour moi, quittaient leurs sabots en traversant la pièce dans laquelle j'étais couché.

J'étais livré à de bien tristes réflexions lorsque j'entendis une voix demander :

— Où est donc votre prêtre ?

C'était un chirurgien que la bonne femme avait envoyé chercher : il examina mon front.

— Vous avez reçu un coup qui aurait dû vous tuer, me dit-il ; votre mal est à la tête, il vous faut du mouvement ; voulez-vous que je vous conduise à la Trappe ? vous y recevrez tous les soins dont vous avez besoin.

— Il est pour moi de la plus haute importance, lui répondis-je, de gagner promptement L... Ne puis-je m'y rendre ?

— Si certainement, répliqua-t-il. Levez-vous, je vous accompagnerai.

La proposition d'un voyage en plein jour n'avait pas de quoi me plaire. La physionomie ouverte du chirurgien m'inspira confiance ; je me penchai à son oreille :

— Je sors de la Trappe, lui dis-je tout bas, et je ne me soucie pas d'y rentrer.

Il me regarda en souriant.

— Je comprends, me répondit-il : quelque galanterie de jeune homme, puis la réclusion au couvent ; ça arrive assez souvent. Eh bien ! je veux vous servir ; restez ici : je viendrai vous prendre dans la soirée.

C'était un ancien chirurgien-major, loyal et franc comme un soldat. Il fut exact au rendez-vous ; mais, en homme habitué aux ruses de la guerre, il avait eu soin d'apporter un travestissement complet. Lorsque j'eus revêtu le costume « bourgeois, » nous prîmes la route de L..., où nous arrivâmes sans encombre.

Par un excès de prudence, je n'avais pas parlé au chirurgien de la maison où j'étais attendu. Il s'opposa à ce que j'allasse loger ailleurs que chez lui. A dire la vérité, je ne demandais pas mieux. J'étais jeune et il me répugnait de me présenter, avec mon visage contusionné, mon front sanglant, aux yeux de mon inconnue.

Ce n'était pas elle, pensais-je, qui m'avait remis le billet : j'avais trouvé à la jeune personne du couvent une plus haute taille et une tournure plus aisée. Cependant, je me trompais sur ce point ; j'ai des raisons de le croire maintenant.

Une circonstance qui n'avait point attiré mon attention me valut une nouvelle lettre le lendemain de mon arrivée à L... En entrant, la veille, dans la ville, un individu qui nous suivait depuis assez longtemps s'était approché de mon conducteur en lui disant que, s'il l'eût reconnu plutôt, il aurait fait route avec nous ; puis il nous avait quittés.

J'étais encore au lit, fatigué d'une nuit sans sommeil, lorsque la domestique de la maison vint me demander si je me nommais M. Daniel.

Sur ma réponse affirmative, elle déposa à côté de moi un tout petit billet.

On me donnait avis que ma fuite avait causé un certain émoi. J'aurais dû, me disait-on, me rendre au lieu indiqué; un homme avait été aposté sur la route pour me servir de guide, etc. C'était la même écriture que celle de la lettre précédente.

Après m'être habillé et avoir consulté le miroir pour savoir si j'étais présentable, je m'acheminai vers la rue désignée. Ce fut un homme de la campagne qui me reçut. Il ne parut pas étonné de mon arrivée et il me conduisit immédiatement dans une chambre assez propre, où je trouvai des habits fort simples mais en bon état. Mon introducteur me remit, en outre, une clé, en m'avertissant que tout ce que renfermait l'armoire qu'elle ouvrait était à ma disposition. Je ne devais, ajouta-t-il, me faire aucun scrupule d'en user. Ensuite, il se retira sans répondre aux questions que je lui adressai.

Mon premier mouvement fut de courir à l'armoire. Elle contenait du linge à l'usage d'un homme, quelques vêtements et une petite bourse en filet de soie qui renfermait vingt napoléons. Une lettre était dessous. Je laissai la bourse pour ouvrir le billet.

« Monsieur, » m'écrivait-on, « une femme « qui vous a causé bien du mal et qui veut le « réparer autant qu'il est en elle de le faire, « vous prie d'accepter ce léger service..... Ce « mot n'est pas juste; elle devrait dire : ce com- « mencement de réparation. Vous n'auriez ja- « mais su la part qu'elle prenait à tout cela si « une urgente nécessité ne l'eût contrainte « d'agir avant d'avoir trouvé un intermédiaire. « Elle a connu votre disgrâce, sa véritable ori- « gine et les secrets motifs de votre réclusion.

« Des papiers importants vous ont été sou- « straits. On veut en faire un usage criminel,

« puisqu'on ne tend à rien moins qu'à vous « dépouiller du don que vous avait fait un « ami.

« Rappelez-vous l'homme généreux que vous « avez connu pendant votre premier exil en « Basse-Bretagne.

« Dès que vous serez en état d'entreprendre « un voyage de quelque durée, prenez tous les « objets contenus dans ce meuble : ils peuvent « vous servir. Prévenez l'homme qui vous sert « du jour de votre départ, et laissez-lui le soin « de tout préparer.

« Quoique ce départ soit urgent, cependant « vous devez différer de quelques jours : ils « sont nécessaires pour se procurer des ren- « seignements propres à vous guider dans vos « démarches ultérieures. »

La lecture de cette lettre me causa tout d'abord une désagréable impression. Le dirai-je? le ton froid et protecteur qu'on prenait avec moi blessa mon amour-propre et mon cœur. A ce premier mouvement succédèrent d'autres sentiments. Je réfléchis aux révélations que contenait le billet, et je demeurai persuadé que ma malle ne m'avait pas été enlevée par hasard à F..., et qu'il fallait que les papiers à moi confiés par mon vieil ami fussent d'une haute importance. De déduction en déduction, j'en vins à penser que j'avais été envoyé à la Trappe pour laisser le temps d'agir à ceux qui, ainsi que le disait la lettre, voulaient me dépouiller. J'avais été le témoin de tant de faits de cette nature, faits dont je n'ai pas parlé dans le cours de ce récit, parce que j'y étais toujours resté étranger, que je compris bien vite toute la tactique du père M...

J'aurais voulu partir sur-le-champ, mais il fallait attendre et prendre patience, bon gré mal gré.

Que le temps me parut long! J'ai une nature trop impressionnable pour savoir attendre patiemment. Enfin, le soir du troisième jour, un billet aussi froid que le premier m'avertit qu'à l'aide des papiers saisis, — on eût pu dire volés, — dans une malle, j'allais être dépouillé d'une donation qui m'avait été faite. Il n'y avait donc pas de temps à perdre pour me rendre dans le lieu où la fraude devait se consommer.

Au billet étaient joints : une lettre pour un homme de loi, un passeport au nom de Jean Levayeur, et 800 fr. que l'on me prêtait pour dépenses de voyages et frais d'instance devant les tribunaux.

Était-ce par inadvertance ou à dessein qu'une mèche de cheveux très noirs, enveloppée dans un papier de soie, avait été laissée au fond de la bourse ?

Je pris sans scrupule l'argent, bien décidé à le rendre aussitôt que mes moyens me le permettraient. Le serviteur que j'avais trouvé dans la maison vint préparer ma valise ; il se chargea de remettre les habits que j'avais empruntés au brave chirurgien, et il m'avertit de me tenir prêt pour le départ de la voiture publique. J'espérais tirer de lui quelques renseignements sur l'inconnue ; mais tout fut inutile et je n'appris rien.

La voiture que je pris était celle de Rennes. Je possédais pour cette ville une lettre de recommandation. Le voyage se faisait de nuit. J'avais pour compagnons de route un homme d'un certain âge et une jeune femme. L'homme ne me dit pas quatre paroles, et la jeune personne fut encore plus silencieuse ; elle tenait constamment son voile baissé et paraissait souffrante.

Un voyage accompli dans ces conditions laisse à l'esprit toute liberté pour réfléchir. A vrai dire, mes idées n'étaient pas riantes : lorsque je rappelais le souvenir des évènements dont se composait ma vie ; lorsque partout, toujours, je me voyais le jouet des circonstances et que, même à cette heure, il ne m'était pas permis d'entrevoir une issue au dédale inextricable dans lequel je m'étais jeté, ma poitrine se soulevait douloureusement et j'avais peine à étouffer mes soupirs.

Mon voisin dormait ; ma voisine paraissait aussi malheureuse que moi. Pauvre femme ! la vie pesait aussi sur elle, sans doute...

Il était grand jour quand nous arrivâmes à Rennes. Le voile de ma compagne de voyage ne se souleva pas un instant ; et quand nous nous séparâmes, je n'avais pas même entrevu ses traits. Pour mon voisin, il descendit et s'éloigna avec elle sans plus s'occuper de moi que si je n'eusse pas existé. Avec une compagnie pareille et une certaine préoccupation d'esprit, on deviendrait, en voiture, très rapidement idiot.

Je portai ma lettre de recommandation : on me reçut sans empressement mais avec bienveillance. Cependant, je voulus revoir mon ancien domicile. Je ne sais quelle main mystérieuse y avait transporté ma malle enlevée à F... Je l'ouvris, rien n'y manquait, rien, si ce n'est le paquet cacheté de mon vieil ami. Le double fond n'avait pas été découvert ; j'y retrouvai les lettres de mon inconnue et quelques autres papiers de moindre importance.

La femme du charpentier à qui j'avais eu le bonheur de rendre un petit service, ayant appris mon retour par sa voisine, vint me voir et me causa l'une de ces douleurs qui ne s'effacent jamais du cœur de l'homme.

Après m'avoir parlé de la position, en ce moment assez bonne, de sa famille, elle me demanda si j'avais connu la sœur Saint-Ange du couvent de ***.

Je répondis, et je disais vrai, que ce nom m'était inconnu.

— J'en suis bien aise, ajouta-t-elle, car je craignais de vous apporter une triste nouvelle.

— Comment donc ? lui demandai-je.

— Ah ! monsieur l'abbé me répondit-elle, rien n'est triste comme la mort de cette pauvre sœur !... Mon mari a une parente dans le même couvent, et ce qu'elle m'a raconté vous fendrait le cœur. Figurez-vous que cette religieuse ne l'était devenue que par supercherie. On lui avait fait accroire que l'homme qu'elle aimait était mort, et, peu de temps après avoir pris le voile, elle l'a reconnu dans un prêtre qui prêchait à la cathédrale. Il paraît qu'il avait été trompé aussi de son côté.

Un tremblement si violent me saisit, que je fus obligé de m'asseoir.

— Et comment est-elle morte ? demandai-je d'une voix émue.

— Elle est morte, me répondit la femme du charpentier, en maudissant ceux qui avaient trompé son inexpérience et qui avaient fait le malheur de sa vie. Le couvent tout entier l'avait abandonnée, à l'exception d'une seule amie qui se préparait à prendre le voile. Celle-là l'a soutenue, a veillé près d'elle jusqu'au dernier jour. Son pauvre corps n'a pas été déposé en terre sainte dans le cimetière, parce que, durant le délire qui a précédé sa mort, elle n'a cessé d'appeler un homme, et cet homme est prêtre. On a essayé d'étouffer le scandale, mais cependant il a transpiré au dehors bien des choses.

J'avais compris... Marguerite était morte!... Un sanglot profond sortit de ma poitrine et je perdis un instant le sentiment de l'existence.

La femme effrayée me prodigua ses soins et je revins à moi pour fondre en larmes.

La pauvre ouvrière m'avait deviné. Son langage fut si doux, si persuasif et si compatissant qu'elle m'arracha la vérité :

— Elle est morte, lui dis-je, en me frappant la poitrine; c'est ma fatale passion qui l'a tuée... O mon Dieu! m'écriai-je à genoux et les mains jointes, appelle-moi aussi à toi...

Et je me roulais sur le parquet et je me tordais dans les convulsions du désespoir. Ma douleur fut si violente que la femme appela une voisine; à elle deux elles me portèrent sur mon lit et me procurèrent tous les secours dont elles pouvaient disposer.

Mon cœur a souffert plus de douleurs qu'il n'est donné à l'homme d'en supporter sur cette terre. Eh bien! lorsque je retrace cette scène, quoique bien des années se soient écoulées, quoique je ne fasse que transcrire, pour ainsi dire, mon ancien journal, cependant je me sens tellement oppressé, et l'impression que j'éprouve est si douloureuse, qu'il me faut suspendre mon travail. . . . .

Les âmes faibles et aimantes s'appuient à une affection, comme la plante flexible s'attache à l'ormeau. Elles ont besoin d'aimer et d'être aimées pour vivre, et elles tombent sans force quand l'amour vient à leur manquer.

Mon chagrin toucha tellement l'excellente femme qui veillait près de moi, qu'elle me promit de m'aider à pénétrer dans le cimetière où reposait Marguerite. Avec ce tact délicat dont son sexe a le privilège, elle avait éloigné la voisine dès que j'étais tombé en délire.

Elle comprenait que je pouvais me compromettre.

Deux ou trois jours se passèrent sans que je pusse me lever : la pensée de Marguerite ne m'abandonna pas un instant. Mon amour s'était réveillé dans toute son énergie. J'ai été bien souvent malheureux, mais je n'ai jamais tant souffert.

Un nouveau billet vint m'inviter à presser mon départ. Je ne remarquai pas qu'il était daté de Rennes ; je ne songeais même pas à l'affaire dont mon sort dépendait peut-être. Marguerite morte, morte pour moi, telle était mon unique préoccupation. C'était la seule femme que j'eusse réellement aimée ; son souvenir se rattachait aux souvenirs de mon enfance ; elle avait été mêlée à toute ma vie ; je mourais avec elle...

Il me fut impossible d'aller m'agenouiller sur sa tombe ; les billets se succédaient et me pressaient de partir. Machine obéissante, je me jetai dans une voiture et je partis. Mon cœur restait à Rennes près d'un sépulcre et je pleurais, oui je pleurais... J'ai toujours trouvé dans les larmes, ce recours de la faiblessse, un soulagement à mes maux.

Quelques jours après j'arrivais au lieu de ma destination sans savoir ce que j'avais à faire, ni même pourquoi j'étais venu. Je ne voudrais pas avoir à revivre ces jours d'accablement de corps et d'esprit : je ne me sens plus la force de les supporter.

Cependant je vécus, j'oubliai peu à peu et je revins à la vie ordinaire. Oh ! mon Dieu ! que sont donc les affections humaines !...

FIN DU TROISIÈME VOLUME.

Imprimerie de E. Dépée. — Sceaux (Seine).

Impr. de E. Dépée, à Sceaux (Seine.)

www.ingramcontent.com/pod-product-compliance
Ingram Content Group UK Ltd.
Pitfield, Milton Keynes, MK11 3LW, UK
UKHW020158250726
13967UKWH00003B/1131